CURO'R CORONA'N COGINIO

CASGLIAD O RYSEITIAU, LLUNIAU A CHYNGHORION
ODDI AR GRŴP FACEBOOK POBLOGAIDD **MERCHED Y WAWR**

*Llun gyferbyn drwy garedigrwydd
yr artist, Angharad Rees, sydd wedi bod yn
ysbrydoli eraill drwy gydol y cyfnod anodd hwn.*

Argraffiad cyntaf: ⓗ Gwasg Carreg Gwalch 2020
ⓗ testun: 2020
Dylunio: Eleri Owen

Rhif Llyfr Safonol Rhyngwladol:
978-1-84527-771-0

Cyhoeddwyd gan Wasg Carreg Gwalch,
12 Iard yr Orsaf, Llanrwst, Dyffryn Conwy, Cymru LL26 0EH.
Ffôn: 01492 642031
e-bost: llyfrau@carreg-gwalch.cymru
lle ar y we: www.carreg-gwalch.cymru

Argraffwyd a chyhoeddwyd yng Nghymru

Ar Curo'r Corona'n Coginio
Ma pobl yn pobi'n ddi-stop
Teisennau pen-blwydd a Quiches di-ri
Sna'm rhyfedd bod na'm blawd yn y siop!

Bríd Gwenllian Price

Rhagair

Gwerfyl Eidda, un o staff Merched y Wawr, gafodd y syniad o greu'r dudalen **Curo'r Corona'n Coginio**, a gyrrodd neges ata i am 7.47 y bore ar 23 Mawrth: dechrau'r cyfnod clo. Roedd hi'n credu y byddai tudalen ar y Gweplyfr i rannu syniadau coginio yn boblogaidd, ac o gymorth i bobl yn ystod yr adeg anodd oedd o'n blaenau. Bach iawn a feddyliodd yr un ohonom beth fyddai'n datblygu o'r neges honno – yn debyg i'r fesen fach a dyfodd yn dderwen fawr. Nid oes cyfnod fel hyn erioed wedi bodoli yn hanes y byd, felly doedd dim canllawiau pendant ar sut y dylem ymateb na gweithredu, ond yn sicr bu coginio'n gysur enfawr i filoedd ohonom.

Crëwyd y dudalen gan Angharad Fflur, sydd hefyd yn gweithio i'r mudiad, yn dilyn y neges honno gan Gwerfyl. Aed â'r syniad ymhellach, a sefydlwyd dwy dudalen arall hefyd sef **Curo'r Corona'n Crefftio** a **Curo'r Corona'n y Cartref**. Mae pob un o'r tair tudalen wedi denu cynulleidfa eang ac ymateb difyr. Ers y cychwyn hwnnw, mae'r gefnogaeth gyson gan staff a swyddogion Merched y Wawr wedi bod yn eithriadol, a braint yn wir ydyw cael croesawu pobl o bedwar ban byd yn aelodau o'r tudalennau Gweplyfr.

Daeth un o'r sylwadau cyntaf i'r dudalen gan Thomas Wayne Jones ac fe greodd ei eiriau argraff arnaf, yn dweud cymaint o gysur ac ysbrydoliaeth oedd y dudalen hon iddo. Yn wir, mae ymateb wedi dod gan amryw sy'n dioddef o broblemau iechyd meddwl, ac eraill yn ei chael yn anodd ymdopi gydag unigrwydd hunanynysu.

Cawsom wledd o gyfraniadau o Gymru a'r tu hwnt, a'r lluniau yn ddigon i dynnu dŵr o'n dannedd – yn eu mysg roedd pice bach Dwynwen Hedd o'r Swistir a Mohini Gupta o Deli Newydd yn India. Tyfodd poblogrwydd y dudalen wrth i Mari Grug ei hyrwyddo ar *Prynhawn Da* (gan ddangos cacen arbennig Angharad Roberts), a bu Angharad Fflur yn sgwrsio am y prosiect ar Radio Cymru gyda Shân Cothi. Bu Gwerfyl yn trafod **Curo'r Corona'n Coginio** ar raglen Geraint Lloyd hefyd, a gwelwyd Meirwen, Llywydd y mudiad, yn hyrwyddo holl dudalennau Curo'r Corona ar y cyfryngau, yn cynnwys ar *Newyddion* S4C.

Clywais nifer fawr yn honni mai ar Ferched y Wawr oedd y bai nad oedd blawd nac wyau ar gael yn y siopau, ac mae'n hawdd credu hynny gan fod nifer dilynwyr y dudalen wedi tyfu i 15,000, a hynny wythnosau'n unig ar ôl ei sefydlu. Oedd, roedd lluniau nifer fawr o gacennau yn cael eu postio, rwy'n cyfaddef hynny, ond gwelwyd yn ogystal lawer iawn o brydau sawrus – yn aml yn defnyddio'r hyn oedd gan y cyfranwyr yng nghefn y cwpwrdd a'r oergell. Un peth ddaeth i'r amlwg yn fuan iawn oedd awydd pobl i brynu'n lleol a chefnogi cynhyrchwyr bwyd Cymru yn ystod y cyfnod clo, a daeth cynnyrch arbennig ein gwlad i chwarae rhan amlwg iawn ar **Curo'r Corona'n Coginio**. Ysgogodd hynny ar bartneriaeth â Hybu Cig Cymru a Cywain, ill dau yn cefnogi cynhyrchwyr bwyd Cymreig ac yn noddi'r gyfrol hon. Mi welwch eu logo ar ambell rysáit yma ac acw yn y llyfr, yn tynnu sylw at y gwaith arbennig maen nhw'n ei wneud i hybu a hyrwyddo'r gorau o gynnyrch Cymru.

Hoffwn ddiolch i Vicky Birch am awgrymu y dylem greu llyfr, i Eleri Owen am y dylunio hyfryd ac i Nia o Wasg Carreg Gwalch am fynd ati i gyhoeddi. Hoffwn ddiolch yn ddiffuant iawn hefyd i Rhiain Williams o Cywain, Menter a Busnes, ac Owen Roberts o Hybu Cig Cymru am y cydweithio hapus.

Ond pwysicach na hyn oll ydyw cefnogaeth gyson y cyfranwyr, sydd wedi rhannu dros 30,000 o luniau, ryseitiau di-ri a chynghorion defnyddiol. (Wnawn ni ddim sôn am yr ambell dro trwstan!) Rydych chi i gyd, wrth rannu eich syniadau, wedi ysbrydoli eraill mewn modd lliwgar a chreadigol. Dwi wedi dysgu llawer drwy ddarllen y sylwadau, ac yn hyderus y bydd y dudalen yn parhau gyda chynghorion tymhorol a lluniau i ysbrydoli eraill. Diolch hefyd i bob un ohonoch sydd wedi prynu'r gyfrol hon, a mawr obeithiaf y byddwch yn cael pleser ohoni.

Cofion,

Tegwen

Tegwen Morris
Cyfarwyddwraig Cenedlaethol Merched y Wawr
Medi 2020

Bu ymateb gwych i gacen **Llywela Jones** a ysgrifennodd: 'Yn cael fy mhen-blwydd heddiw yn 51 🙈 a ddim yn cael mynd i nunlla, so nes i gacan i mi fy hun'. Bu i dros fil o bobl ei hoffi!

Hoffem longyfarch dwy o'n cyfranwyr ieuengaf – Sophia a Luisa, efeilliaid 6 oed o Bwllheli, a roddodd fideo ar y dudalen hon. Cawsant gyngor gan eu prifathrawes i ddanfon y fideo ymlaen i gystadleuaeth oedd yn cael ei rhedeg gan y British Film Institute, a braf yw cael dweud eu bod wedi dod i'r brig!

Diolch am gydweithio hapus gyda Gwenan o Adnoddau Arbennig Llanidan a gynhyrchodd lwy bren a nwyddau eraill ag enw'r dudalen arnynt, gan roi cyfraniad i elusen Merched y Wawr o'r gwerthiant.

'Mae fy ŵyr a wyresau wedi bod yn gofyn am hwn ers oes. Fyddan nhw'n genfigennus o'r pwdin yma. Lwcus iawn bod 'na un yn disgwl amdanyn nhw ar stepan y drws.'

Nan Bryn Saith

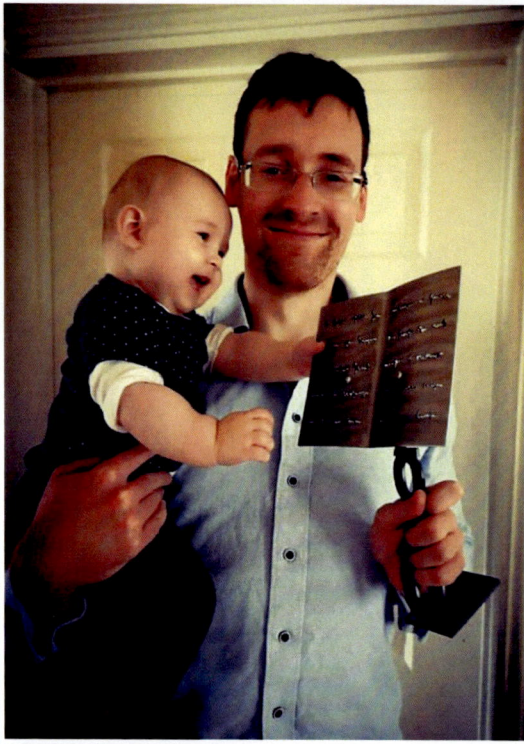

Tudalen Curo'r Corona'n Coginio yw'r lle gorau i rannu newyddion da! Postiodd Llinos Dafydd y canlynol yn dilyn llwyddiant Ifan Morgan Jones a'i nofel Babel yng nghystadleuaeth Llyfr y Flwyddyn ...

'Byrger buddugoliaethus – yr unig ffordd i ddathlu bod Ifan, fy mhartner, wedi cipio gwobr categori Ffuglen Llyfr y Flwyddyn 2020 😊🍔👌 Byrger cyw iâr cartref gyda sglods a 'slaw' moron, shibwns, mêl a sinsir. Biwten. (Bybls mas o shot!) 🥂'

Pan bostiodd Ifor ap Dafydd y llun hwn ar y dudalen, gyda'r geiriau 'Ffishffingars wedi eu dal yn ffresh o'r rhewgell i swper heno!' fe ysgogodd ar drafodaeth frwd ynglŷn â beth ddylai gael ei roi ar y frechdan ffishffingars berffaith: sôs coch, sôs brown, sôs tartar neu hufen salad! Roedd dewis Ifor o lenwad – caws a chilli gwyrdd – yn plesio, ond roedd un yn honni mai brechdan ffishffingars bur, heb unrhyw ychwanegiad arall, sydd orau. Be amdanoch chi?

'Wel mae'n nos Wener ac ar ôl wythnos arall o weithio o adref, 'ma bywyd wedi mynd yn 40% brownies siocled a banana ... a 60% gwin coch! Codaf wydred i'r GIG/NHS ... byddwch yn saff ac iechyd da i bawb!'
Bethan Picton Jones

Diolch i'r Gwasanaeth Iechyd

Postiodd sawl un luniau ar y dudalen o'r cacennau wnaethon nhw'u pobi ar gyfer gweithwyr y GIG, i ddiolch iddyn nhw am eu gwaith caled yn ystod y pandemig. Dyma gyfran fach ohonynt.

✿ Lloyd Henry ✿

✿ Cheryl Jones ✿

✿ Gwenda Mathias ✿

✿ Katie Louise Williams ✿

✿ Eirian Wyn Thomas ✿

Ryseitiau wedi cael eu cyfrannu gan unigolion i dudalen *Curo'r Corona'n Coginio* sydd yn y gyfrol hon. Nid ydynt wedi cael eu profi'n annibynnol, ac mae pob un yn defnyddio cyfrwng pwyso a mesur gwreiddiol yr awdur. Mae tabl isod sy'n rhoi syniad i chi o sut i gyfnewid pwysau o un fformat i'r llall.

Rydym wedi ceisio cadw at dafodiaith wreiddiol yr awdur, a rhoi cyfieithiad o unrhyw eiriau anghyfarwydd mewn cromfachau lle mae hynny'n briodol.

Cymerwyd pob gofal i sicrhau bod y lluniau a'r ryseitiau yn y gyfrol hon yn rhydd o hawlfraint.

TABL TYMHEREDD COGINIO

°C	°F	Nwy
140	275	1
150	300	2
170	325	3
180	350	4
190	375	5
200	400	6
220	425	7
230	450	8
240	475	9

TABL TRAWSNEWID PWYSAU

Imperial	Metrig
½ owns	14 gram
1 owns	28 gram
2 owns	57 gram
3 owns	85 gram
4 owns	113 gram
5 owns	142 gram
6 owns	170 gram
7 owns	199 gram
8 owns	227 gram
9 owns	255 gram
10 owns	284 gram
12 owns	340 gram
1 pwys	454 gram
1½ pwys	680 gram
2 bwys	907 gram
2.2 pwys	1 cilogram

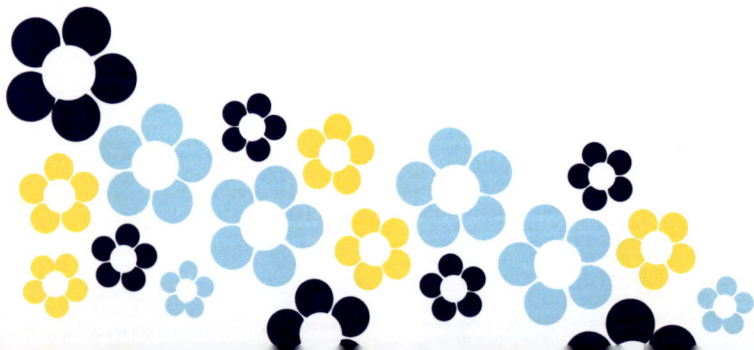

BYRBRYDAU
A CHYRSIAU CYNTAF

Quiches bach Mirain Llwyd

Mae'r rhain yn neis efo salad neu mewn bocs bwyd - maen nhw'n rhewi hefyd felly yn ddefnyddiol iawn!

CYNHWYSION
i wneud 12

- pecyn o grwst pwff *(neu gwnewch grwst cartref)*
- eich dewis o lenwadau; mi fydda i'n defnyddio nionyn coch, sbigoglys *(spinach)*, madarch, ham, pupur coch ayyb
- 5 wy
- llaeth
- caws
- halen a phupur

DULL

❀ Cynheswch y popty i 180°C.

❀ Rholiwch y crwst pwff allan, a chan ddefnyddio torrwr o faint addas i'ch tun cacennau bach, torrwch 12 cylch ohono.

❀ Irwch y tun ag olew (mae'r olew braster isel sy'n dod fel chwistrell yn dda).

❀ Rhowch gylch o grwst ym mhob twll a rhowch y tun yn y popty am 5 munud neu nes y bydd y crwst wedi dechrau tywyllu mymryn.

❀ Torrwch y 5 wy i mewn i jwg, ychwanegwch ychydig o laeth (i'ch chwaeth bersonol) a halen a phupur, a chwisgiwch y cyfan.

❀ Tynnwch y tun o'r popty a dewiswch eich llenwadau (gallwch amrywio'r llenwad o un i'r llall). Gallwch ffrio'r llysiau cyn eu hychwanegu i'r casys os hoffech chi.

❀ Ar ôl rhoi'r llenwadau yn y casys crwst, tywalltwch y gymysgedd wy dros bob un. Gratiwch chydig o gaws ar eu pennau (a chydig o halen a phupur os dymunwch) a'u rhoi yn ôl yn y popty am 15-20 munud i orffen coginio.

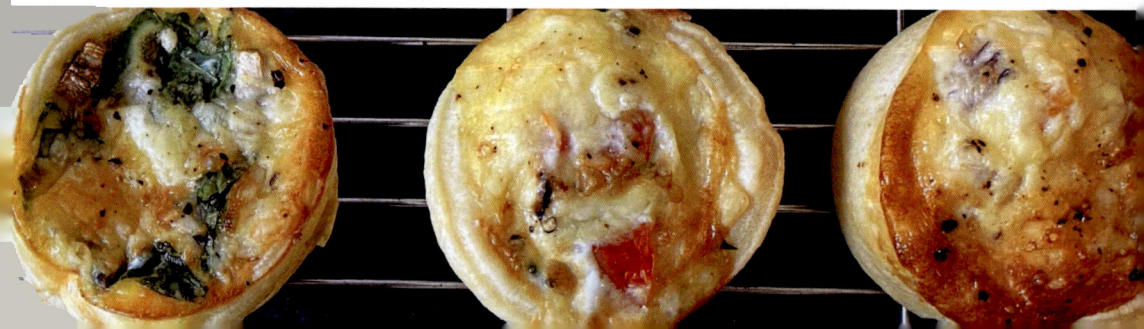

Salad eog cynnes efo betys

Rhian Cadwaladr

CYNHWYSION

digon i ddau

- 2 ffiled eog
- digon o datws newydd i ddau
- bagiaid o ddail letys rocet
- 2 fetysen *(beetroot)* wedi'u coginio *(heb finegr)* a'u torri'n ddarnau
- pecyn bach o *mange tout (pob un wedi'i dorri yn 3 darn)*

Ar gyfer y dresin
- sudd hanner lemwn
- llond llwy bwdin o fêl clir
- llond llwy de o fwstard cyflawn *(wholegrain)*
- llond llwy fwrdd o olew olewydd

DULL

- Rhowch y tatws mewn dŵr a'u berwi.

- Tynnwch y croen oddi ar yr eog a'i goginio fel y mynnoch (popty 180°C/160°C ffan/nwy 4 am 18-20 munud, neu yn y popty ping).

- Cymysgwch gynhwysion y dresin yn drwyadl.

- Pan fydd yr eog yn barod torrwch o'n ddarnau a'i roi mewn powlen fawr efo'r dail, y betys a'r *mange tout*.

- Draeniwch y dŵr oddi ar y tatws a thywallt y dresin drostyn nhw'n syth. Rhowch ysgytwad i'r sosban i gymysgu'r tatws a'r dresin.

- Rhowch y tatws yn y bowlen efo gweddill y cynhwysion a thywallt y dresin sydd ar waelod y sosban dros y cwbwl.

- Cymysgwch y cyfan yn ofalus.

- Mae'n well gweini'r salad tra mae o'n gynnes, ond gallwch ei fwyta'n oer hefyd.

Paté cyw iâr Mam Erin Eifion Hughes

CYNHWYSION

- 150g menyn
- 1 nionyn
- 3 madarchen *(os ydych yn dymuno'u defnyddio)*
- 2 ewin garlleg
- 400g iau cyw iâr
- 1 deilen llawryf *(bay leaf)*
- 1 llwy fwrdd o bersli *(mae dail ffres yn well ond gallwch ddefnyddio peth sych)*
- 30ml brandi
- 50ml hufen dwbl
- halen a phupur

DULL

- Toddwch 50g o'r menyn mewn padell ffrio a ffrio'r nionyn, y garlleg a'r madarch nes y byddan nhw'n feddal.

- Ychwanegwch yr iau i'r badell ffrio a'i ffrio'n ysgafn, gyda phinsiaid o halen a phupur.

- Rhowch y persli, y ddeilen lawryf a'r brandi yn y badell ffrio a fflamio'r brandi i losgi'r alcohol ymaith.

- Tywalltwch yr hufen ar ben y cyfan a chymysgu popeth yn dda.

- Rhowch y cyfan mewn prosesydd bwyd a'i hylifo am ryw 2-3 munud.

- Toddwch 70g o'r menyn a'i dywallt yn araf bach ar ben y gymysgedd yn y prosesydd a'i hylifo unwaith eto.

- Arllwyswch y cyfan i bowlen. Toddwch y 30g o'r menyn sydd yn weddill a'i arllwys ar ben y paté. Mae'r menyn yn cadw'r paté yn fwy ffres ac yn ei atal rhag sychu.

- Rhowch y paté yn yr oergell i galedu.

Wyau Sir Fôn Elin Angharad Davies

Mi fydda i'n gwneud hwn pan fydd yr ieir yn dodwy'n dda!
Gallwch addasu'r rysáit hon ar gyfer unrhyw nifer o bobl.

CYNHWYSION

- wyau wedi eu berwi'n galed *(o leiaf un ar gyfer pob person)*
- cennin wedi eu ffrio
- saws caws *(gweler tud. 30)*
- stwnsh rwdan *(tatws a rwdan / swejen wedi eu stwnshio'n dda)*
- llond llwy fwrdd o olew olewydd

DULL

✿ Hanerwch yr wyau a'u rhoi ar waelod dysgl weddol ddofn.

✿ Taenwch y cennin a'r saws caws am eu pennau, a rhoi'r stwnsh rwdan ar y top.

✿ Rhowch y cyfan yn y popty i grasu'r top.

✿ Byddaf yn ei weini efo cig moch.

Cawl pwmpen cnau menyn

Elen Hughes

CYNHWYSION

- 1 pwmpen cnau menyn (*butternut squash*)
- 2 pannas
- 2 nionyn mawr
- 2 ewin garlleg
- 800ml stoc cyw iâr (*mi wnaiff un llysiau y tro!*)
- cwpanaid o lefrith
- joch dda o olew olewydd
- lwmpyn o fenyn
- 1 llwy fwrdd siwgr
- Sbeisys a pherlysiau (*1 llwy de o bob un o'r rhain*):
  basil, powdr chilli, powdr cyrri, coriander mân,
  cwmin mân. Pinsiaid o halen a phupur
- joch dda o hufen

DULL

- ✿ Cynheswch y popty i 200°C.

- ✿ Cymysgwch y sbeisys a'r perlysiau i gyd mewn cwpan – hwn ydi'r gymysgedd sbeis!

- ✿ Gorchuddiwch ddau dun pobi mawr â phapur gwrthsaim.

- ✿ Torrwch y bwmpen cnau menyn a'r pannas yn ddarnau reit fawr, tua hanner maint eich bawd. Cymysgwch y darnau mewn joch dda o olew olewydd, a'u gwasgaru dros y ddau dun pobi. Tywalltwch hanner y gymysgedd sbeis dros y cyfan.

- ✿ I mewn i'r popty â nhw am 40 munud, neu nes y byddan nhw wedi meddalu a dechrau crasu.

- ✿ Tra maen nhw yn y popty, toddwch lwmp o fenyn mewn sosban fawr. Ychwanegwch y garlleg a'r nionyn (wedi eu torri yn weddol fân), a gweddill y gymysgedd sbeis. Ffriwch y cwbwl ar wres isel iawn am 15-20 munud, nes mae'r nionod yn feddal.

❀ Pan fydd y bwmpen cnau menyn yn barod, tywalltwch y cwbl i mewn i'r sosban at y nionod. Ychwanegwch y stoc, a gadael i'r cwbl fudferwi am 10 munud bach arall, i wneud yn siŵr bod y llysiau i gyd wedi meddalu drwyddynt.

❀ Defnyddiwch blender llaw, neu beiriant hylifo, er mwyn llyfnu'r cyfan. Mi fydd yn dew iawn ar ôl y cam yma – bron fel bwyd babi – felly ychwanegwch lefrith nes y bydd y cawl yn cyrraedd y trwch dach chi'n ei ffafrio. Llyfnwch y cwbwl eto.

❀ Yna, y cam olaf ydi ei roi mewn powlenni i'w weini a thywallt joch o hufen i'r canol, a rhoi tro bach iddo gyda llwy i greu patrwm cylchog hufennog!

Byns garlleg Elen Hughes

Mae'r rhain yn dda iawn efo cawl. Mae byns sy ar fin llwydo'n gweithio'n well na rhai ffres, coeliwch neu beidio!

CYNHWYSION

- dwy fynsen / rholiau bara
- 1 llwy de menyn wedi'i feddalu
- 1 llwy de olew olewydd
- 2 ewin garlleg
- 1 llwy de persli
- Llond llaw o gaws wedi'i gratio (caws aeddfed sydd orau)

DULL

- Cynheswch y popty i 180°C.

- Torrwch y byns yn eu hanner, fel bod ganddoch chi 4 darn. Yna, tynnwch y tu mewn allan ohonyn nhw, gan adael cragen wag. Rhowch y bara mewn prosesydd bwyd, ychwanegu'r garlleg a'r persli a'i brosesu nes mae'r cyfan yn friwsion mân.

- Cymysgwch y briwsion bara gyda'r caws, y menyn a'r olew olewydd.

- Rhowch y llenwad yn ôl i mewn yn y byns, ond cadwch yr haneri ar wahân.

- I mewn i'r popty â nhw am 15 munud, nes mae'r caws wedi toddi, a'r bara wedi dechrau crasu.

Pan fydd garlleg gwyllt yn ei dymor, gallwch sychu'r dail yn y popty, eu torri yn ddarnau a'u cymysgu â halen – mae'n cadw'n hirach.

Sian Rhun Griffiths

Cawl dala poethion Moira Mai

Dwi'n gwneud cawl dala poethion bron bob dydd ac mae'n blasu'n wahanol bob tro bron. Pan ydach chi'n mynd i gasglu'r dail, cofiwch fenig rwber a siswrn!

CYNHWYSION

- 1 nionyn mawr
- 2 daten / dysan go fawr
- 1 ½ peint stoc
- tua 20 neu fwy o dopiau dala poethion (dynadl / danadl poethion / nettles)
- halen a phupur du

DULL

- ❁ Ffriwch y nionyn yn dda, wedyn ychwanegu'r dysen wedi ei thorri'n giwbiau.

- ❁ Tywalltwch y stoc dros y tatws a'r nionyn, gadewch iddynt ffrwtian ac ewch i hel eich dala poethion.

- ❁ Ychwanegwch y dail, ac wedi iddynt wywo yn y cawl rhowch y cwbwl yn y blender.

Mae'n bosib amrywio'r rysáit i'w wneud yn fwy cyffrous: ychwanegwch laeth cnau coco yn lle hanner y stoc, a garlleg, sinsir ffres, chilli a sudd leim i wneud Cawl Thai. Neu laeth cnau coco, past cyrri, powdr cwmin a choriander.

Mwynhewch yr arbrofi, a chofiwch fod dala poethion yn dda i chi!

Reis cyrri Siwan Gethin

Mae hwn yn berffaith ar gyfer ei weini efo barbeciw, ac mae modd i chi ychwanegu mwy o unrhyw gynhwysyn i gyd-fynd â'ch chwaeth chi.

CYNHWYSION
- 500g reis wedi'i goginio
- 1 llwy fwrdd catwad mango (*mango chutney*)
- 2 llwy fwrdd meionês
- 1 llwy fwrdd powdr cyrri (*dewiswch chi pa mor boeth!*)
- Sloj / shibwns / nionyn gwyrdd wedi'i dorri i ychwanegu gwyrddni.

DULL
✿ Cymysgwch bopeth yn dda!

Cregyn gleision Menai gyda bacwn a seidr Gwynfor Dafydd

*Mae'r cregyn gleision yma'n dod gan gwmni Bwyd Môr Menai.
Mae'r rysáit hon yn newid o'r saws marinière traddodiadol,
a gallwch ddefnyddio seidr lleol hefyd.*

CYNHWYSION
Digon i 4 fel cwrs cyntaf, neu 2 fel prif bryd

- 1 cilogram cregyn gleision byw o'r Fenai
- 75g menyn heb halen
- 125g lardonau *(bacwn, yn ddelfrydol wedi ei sych-halltu, ac wedi'i dorri'n giwbiau bach)*
- 100g sloj / shibwns, wedi'u sleisio'n fân
- 1 ewin garlleg, wedi'i falu a'i ddeisio'n fân
- Cwpl o sbrigiau teim, marjoram, a deilen lawryf *(bay leaf)*, yn ddelfrydol wedi'u clymu at ei gilydd neu eu rhoi mewn bag mwslin bach. *(Mae'r rhain yn cael eu tynnu allan ar y diwedd)*
- 150ml seidr sych *(neu defnyddiwch win gwyn sych fel Muscadet, os ydi'n well ganddoch chi)*
- 80ml hufen sengl
- ychydig o bersli, wedi'i dorri'n fras
- bara crystiog i weini

DULL

- ✿ Golchwch y cregyn gleision a thaflu unrhyw rai sydd wedi torri a'r rhai nad ydyn nhw'n cau wrth gael eu taro yn erbyn rhywbeth caled.

- ✿ Toddwch y menyn ar wres isel mewn sosban reit fawr sydd â gwaelod trwm iddi. Trowch y gwres i fyny ychydig, ac yna rhowch y lardonau bacwn yn y sosban, gan eu troi yn barhaus.

- ✿ Unwaith y bydd y lardonau yn dechrau brownio, ychwanegwch y nionod gwyrdd, y garlleg a'r pecyn perlysiau, a'u coginio am ychydig funudau nes bydd y nionod wedi meddalu.

- ✿ Rhowch y cregyn gleision wedi'u glanhau yn y sosban a throi'r gwres i fyny cyn tywallt y seidr / gwin ar ben y cregyn.

✿ Rhowch y caead arni a gadewch i'r cyfan goginio am ychydig funudau, gan ysgwyd y sosban yn achlysurol. Mae'r cregyn gleision yn barod unwaith y bydd yr holl gregyn wedi agor. Os oes rai ohonyn nhw'n dal ar gau, coginiwch nhw am funud arall. Dylai unrhyw rai sy'n dal ar gau ar ôl hynny gael eu tynnu allan a'u taflu. Tynnwch y pecyn perlysiau allan a chael gwared arno.

✿ Defnyddiwch letwad neu lwy fawr i osod y cregyn gleision a'r saws mewn powlenni unigol, yna tywalltwch ychydig o hufen dros y cregyn. Yn olaf, sgeintiwch bersli wedi'i dorri'n fras ar ben pob powlen.

✿ Mae'n well eu gweini'n syth gyda digon o fara crystiog.

Bwyd a Diod Cymru
Clwstwr Bwyd Môr
Food & Drink Wales
Seafood Cluster

Quesadillas Sioned Mair Owen

Ma' hi wedi bod yn dasg anodd meddwl am brydau gwahanol yn ystod y cyfnod clo, yn enwedig amser cinio! Brechdan, wrap neu fîns neu wy ar dost oedd fel arfer. Un diwrnod, mi ges i'r syniad o wneud quesadillas ac mi aethon nhw i lawr yn dda! Pryd o Fecsico ydi quesadillas - queso ydi caws yn Sbaeneg a tortilla ydi'r enw ar y wrap. Felly caws mewn tortilla ydi quesadilla, ond medrwch ychwanegu unrhyw beth ato (sydd yn grêt os oes 'ne bobol ffysi'n byw'n tŷ chi!). Ffordd dda o ddefnyddio gweddillion!

CYNHWYSION

- pecyn o *wraps* tortilla *(un ar gyfer pob quesadilla)*
- olew olewydd
- caws wedi'i gratio – un sy'n toddi'n dda *(den ni'n hoff o cheddar aeddfed yma)*
- beth bynnag arall hoffech ei roi ynddo, wedi'i dorri'n fân: madarch, tomatos, nionod gwyrdd / shibwns, pupur lliwgar, nionyn coch, olifau du, afocado, cig wedi ei goginio e.e. ham, cyw iâr, chorizo

DULL

❀ Rhowch ½ llwy de o olew olewydd mewn padell ffrio fawr (ar wres cymedrol / uchel) i orchuddio gwaelod y badell.

❀ Rhowch y *wrap* yn y badell ffrio a'i droi bob ryw 10 eiliad fel ei fod yn dechrau tostio'n ysgafn. Efallai y bydd poced aer yn dechrau ffurfio yn y *wrap*.

❀ Trowch y gwres i lawr ryw fymryn ac yna rhoi'r caws ac unrhyw gynhwysion eraill ar ben y *wrap*. Peidiwch â rhoi gormodedd - byddwch angen plygu'r *wrap* yn nes ymlaen.

❀ Pan welwch fod y caws wedi toddi, plygwch y *wrap* yn ei hanner a'i dynnu o'r badell ffrio, a'i weini'n syth wedi ei dorri yn dafellau.

❀ Gallwch wneud pryd mwy sylweddol o'r quesadillas drwy eu gweini gyda salad, letys gyda finegr seidr afal ac ychydig o halen, guacamole a chreision nachos.

Beth am ddefnyddio *wrap* yn lle crwst wneud quiche sydyn? Neu ddefnyddio un fel gwaelod ar gyfer pizza?

Bethan Wyn / Meinir Edwards

Torth tiwna

Helen Evans

Does gen i ddim rysáit ar gyfer hon – o 'mhen fydda i'n ei gwneud hi fel arfer! Byddaf yn ei gweini hefo saws persli fel arfer – mae hi'n rhewi'n dda hefyd.

CYNHWYSION

- 3 tun tiwna *(gwagiwch yr hylif)*
- 1 tun cawl madarch
- 2 wy
- 1 nionyn bach
- garlleg
- 1 coesyn seleri
- 1 foronen *(wedi'i gratio)*
- 1 afal bwyta *(wedi'i gratio)*
- llond llaw o bersli wedi'i falu'n fân
- 1 llwy fwrdd o stwffin *(Paxo)*
- tua 2 gwpanaid o unrhyw reis wedi'i goginio'n barod

DULL

- ✿ Cynheswch y popty i 200°C.
- ✿ Rhowch bopeth mewn powlen a'i gymysgu.
- ✿ Leiniwch dun cacen / tun torth 2 bwys a rhoi'r gymysgedd ynddo.
- ✿ Pobwch am oddeutu 50 munud, a gadael i'r dorth oeri'n llwyr cyn ei thorri.

Rholiau selsig Meinir Edwards

Mae gwneud rholiau selsig eich hun yn hawdd, yn enwedig drwy ddefnyddio crwst o baced. Mi fydda i'n rhoi catwad (chutney) hefo'r cig yn fy rhai i, i'w gwneud chydig yn wahanol, ac yn fwy blasus!

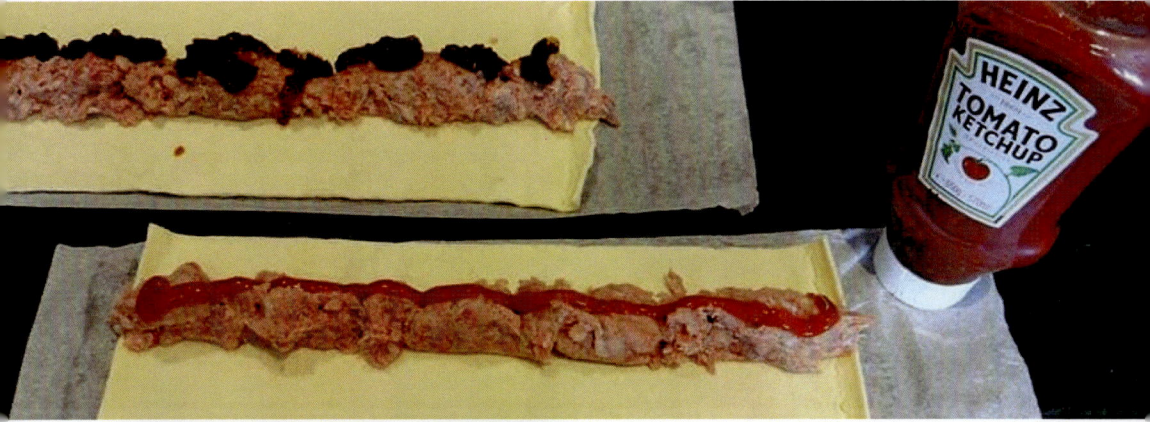

Mac a chaws Cenarth a chaws ar dost Nia Roberts

Roedd gen i gosyn o gaws cryf Cenarth yn yr oergell, ac mi wnes i'r mac a chaws hwn ar gyfer cinio sydyn, a'i weini efo bacwn cwmni Oinc Oink. Roedd gen i chydig o'r saws caws ar ôl, felly caws pob amdani!

CYNHWYSION

- tua chwarter bloc o fenyn hallt
- blawd plaen
- llefrith
- caws cryf Cymreig (*gallwch ddefnyddio nifer o wahanol gawsiau – mae hon yn rysáit dda i ddefnyddio gweddillion caws y Dolig*)
- mwstard llyfn
- pupur a halen
- macaroni (*neu unrhyw basta bychan*)

DULL

✿ Rhowch y pasta (tua 75g ar gyfer pob person) i ferwi mewn dŵr hallt.

✿ I wneud y saws caws, toddwch y menyn mewn sosban (bydd chwarter bloc yn ddigon i wneud digon o saws i 2–4 person).

✿ Ychwanegwch ddigon o flawd plaen i wneud past trwchus, a gadewch i hwn goginio am funud neu ddau.

- Fesul tipyn, ychwanegwch lefrith at y gymysgedd gan ei guro'n dda rhwng pob ychwanegiad, a gadael iddo ddod i'r berw unwaith y bydd y saws yn llyfn a thrwchus. Parhewch i ychwanegu'r llefrith fesul tipyn. Mae angen i'r saws fod yn reit drwchus fel na fydd yn llifo oddi ar y pasta, felly peidiwch ag ychwanegu gormod o lefrith.

- Gratiwch y caws a'i ychwanegu i'r saws, gan ei gymysgu'n dda nes bydd y caws wedi toddi. Mae faint o gaws y byddwch ei angen yn dibynnu ar eich chwaeth a chryfder y caws.

- Rhowch lwyaid neu ddwy o fwstard yn y saws – un llyfn megis Dijon sydd orau – a phupur a halen os oes angen.

- Pan fydd y pasta'n barod, draeniwch y dŵr ohono a thywallt y saws caws am ei ben.

- Os ydych yn bwyta cig, gallwch ei weini â darnau o gig moch. Gallech hefyd sgeintio mwy o gaws a briwsion bara ar y top a'i roi o dan y gril i frownio.

Petai ganddoch chi saws caws ar ôl, gwnewch gaws pob drwy dostio bara yn ysgafn, taenu'r saws caws ar un ochr iddo, sgeintio saws Caerwrangon (*Worcestershire Sauce*) arno a'i roi dan y gril nes y bydd wedi brownio.

Bwyd a Diod Cymru
Clwstwr Bwyd Da

Food & Drink Wales
Fine Food Cluster

PRIF GYRSIAU

Penfras efo crwst cnau

Rhian Cadwaladr

CYNHWYSION
i weini dau berson

- 2 ddarn o benfras *(wedi tynnu'r croen)*
- 50g cnau *(cashiw, almon a chyll ddefnyddiais i yma)*
- 1 chilli coch
- 1 ewin garlleg
- bwnsiaid bach coriander *(yn cynnwys y coesau)*
- 1 llwy fwrdd olew olewydd
- sudd hanner lemon

DULL

✿ Rhowch y penfras ar dun pobi.

✿ Rhowch bopeth arall mewn prosesydd bwyd a'i falu'n fân.

✿ Taenwch y gymysgedd dros y pysgod.

✿ Pobwch ar wres o 190°C/170°C ffan/nwy 5 am oddeutu 15–18 munud, yn dibynnu ar faint y pysgodyn.

✿ Mae'n flasus wedi'i weini efo tatws hasselback a llysiau gwyrdd.

I wneud
tatws hasselback, rhowch daten
(wedi'i golchi ond heb ei phlicio) mewn llwy,
a'i thorri â chyllell sawl gwaith i lawr at
ei thri chwarter fel yn y llun. Mae ochrau'r
llwy yn arbed y gyllell rhag torri reit i'r gwaelod.
Gwnewch yr un fath efo gweddill y tatws.

Rhowch y tatws ar dun pobi a sgeintiwch
chydig o olew llysiau, pupur a halen môr
drostynt. Maen nhw'n barod pan fydd
y top wedi crimpio a chnawd
y daten yn feddal.

Pastai ffowlyn a ham Mam-gu

Meinir Edwards

CYNHWYSION Y CRWST

- 450g / 1 pwys blawd plaen
- 200g / 8 owns menyn
- 4 wy wedi'u curo
- ½ llwy de halen

DULL Y CRWST

✿ Cymysgwch y blawd, yr halen a'r menyn mewn powlen i greu briwsion.

✿ Ychwanegwch yr wyau a chymysgwch y cyfan i wneud toes.

✿ Gadewch y toes i orffwys am awr cyn ei rolio.

CYNHWYSION Y LLENWAD

- 12 owns cig cyw iâr wedi'i goginio a'i dorri'n giwbiau
- 12 owns ham wedi'i ferwi a'i dorri'n giwbiau
- 1 winwnsyn wedi'i sleisio'n denau
- 4 owns menyn
- 2 owns blawd plaen
- 1 peint llaeth
- ¼ peint hufen
- 2 llwy fwrdd persli wedi'i dorri'n fân
- pupur a halen
- 1 wy wedi'i guro i'w frwsio ar y crwst

DULL Y LLENWAD

✿ Toddwch y menyn mewn sosban neu badell ffrio ddofn.

✿ Ffriwch y winwns nes eu bod yn feddal ac ychwanegwch y blawd. Coginiwch am funud cyn ychwanegu'r llaeth fesul dipyn er mwyn creu saws gwyn heb lympiau.

✿ Ychwanegwch y cig a'r hufen a'u cymysgu'n dda.

- ❀ Ychwanegwch y persli, y pupur a'r halen.
- ❀ Rholiwch hanner y toes i greu gwaelod 6mm (¼ modfedd) o drwch i'r bastai. Irwch ddysgl bastai 10 modfedd ag ychydig o fenyn cyn gosod y toes arno.
- ❀ Brwsiwch y toes ag wy wedi'i guro, a rhowch y llenwad ar ei ben. Rholiwch y toes sy'n weddill a gorchuddio'r bastai â hwnnw.
- ❀ Brwsiwch ragor o wy ar y top cyn ei goginio ar dymheredd o 200°C/400°F/nwy 6 am 30–35 munud.

Carbonara cyw iâr a bacwn

Grisial Môn Pugh

Mae'r rysáit hon yn newid bach o'r carbonara traddodiadol, gan ddefnyddio caws meddal yn lle wyau.

CYNHWYSION

- Pasta *(tua 75g i bob person)* – gallwch ddefnyddio spaghetti, linguine neu unrhyw basta sy'n digwydd bod yn y cwpwrdd.
- Bacwn a chyw iâr *(digon i fwydo pawb)*
- Hufen dwbl neu laeth
- Twb o gaws meddal
- Perlysiau cymysg
- Garlleg
- Halen a phupur

DULL

- Dechreuwch drwy roi'r pasta i ferwi.

- Ffriwch ddigon o facwn a chyw iâr mewn padell ffrio i fwydo pawb, ac ychwanegu halen a phupur.

- Tywalltwch hufen dwbl a/neu laeth dros y cig (bydd y llaeth yn gwneud y saws yn ysgafnach na drwy ddefnyddio hufen yn unig), a thwb o gaws meddal. Ychwanegwch fwy o hufen os nad oes digon o saws ar gyfer pawb.

- Ychwanegwch berlysiau cymysg a garlleg wedi'i dorri'n fân, a gadael i'r cyfan fudferwi am ychydig nes iddo dewychu. Blaswch y saws rhag ofn bod angen mwy o halen a phupur.

- Rhowch y pasta mewn powlenni a thywallt y saws dros ei ben. Mi fydda i'n sgeintio coriander ar y cyfan i'w weini, ond does dim rhaid.

Mae caws wedi'i gratio yn gweithio'r un mor dda â'r caws meddal, os mai dyna'r unig beth sydd ganddoch chi wrth law.

Cyw iâr paprica

Carys Margaret

CYNHWYSION

- 1 nionyn mawr wedi ei dorri'n fân
- llwy fwrdd olew olewydd
- llwy de piwrî garlleg, neu 2 ewin
- 4 brest cyw iâr wedi'u torri'n ddarnau
- llwy fwrdd o flawd corn (*cornflour*)
- peint stoc cyw iâr
- llwy fwrdd piwrî tomato
- 2 lwy de paprica
- un twb iogwrt Groegaidd
- persli ffres neu wedi sychu
- halen a phupur

DULL

- ✿ Cynheswch y popty i 180°C/350°F nwy 4.

- ✿ Ffriwch y nionyn yn yr olew mewn sosban caserol lydan neu badell ffrio nes ei fod yn feddal, ac yna ychwanegu'r garlleg a'i goginio am 5 munud arall.

- ✿ Ychwanegwch y cyw iâr a'i ffrio am tua 10 munud nes y bydd wedi coginio drwyddo.

- ✿ Gwasgarwch y blawd corn ar ben y cyw iâr a'i gymysgu i mewn.

- ✿ Ychwanegwch y paprica, y piwrî tomato a'r stoc a chymysgu'r cyfan yn dda.

- ✿ Os ydych wedi defnyddio padell ffrio, trosglwyddwch y gymysgedd i ddysgl sy'n iawn i fynd i'r popty.

- ✿ Ychwanegwch halen a phupur i'r gymysgedd.

- ✿ Rhowch gaead ar y ddysgl a'i rhoi yn y popty am awr.

- ✿ Ar ôl i'r awr ddod i ben, dewch â'r pryd allan o'r popty, cymysgwch yr iogwrt i mewn a gwasgarwch y persli ar ben y cyfan. Os oes angen, gallwch chi dewychu'r saws ymhellach gyda chydig mwy o flawd corn wedi ei gymysgu â dŵr.

- ✿ Mae'n flasus iawn gyda reis a salad gwyrdd ar yr ochr.

Stir fry cyw iâr, chilli a garlleg

Yvonne Lloyd-Jones

Mae brest cyw iâr wedi'i drwytho mewn saws gwahanol flasau i'w cael yn Siop cigydd Terry, Abersoch, sy'n berffaith ar gyfer y rysáit yma!

CYNHWYSION

- 2 stribed bacwn
- 1 brest cyw iâr
- pupur du
- powdr 'chicken seasoning' *(i'w gael mewn jariau)*
- cwmin
- tyrmerig
- ½ nionyn coch
- 2 ewin garlleg
- ¼ pupur coch
- oddeutu 4 blodyn brocoli
- llond llaw o bys
- 4–5 tomato bach melys
- hanner paced o saws Hoisin
- llwyaid o fêl

DULL

✿ Torrwch y bacwn yn stribedi a'u ffrio'n ysgafn mewn olew olewydd a'u hel i ochr y badell ffrio (gan ofalu bod y saim gwyn wedi crimpio).

✿ Ychwanegwch y cyw iâr wedi'i sleisio'n ddarnau tew, ac ychwanegwch y pupur du (does dim angen halen gan fod digon yn y bacwn).

✿ Ychwanegwch ysgwydiad o'r *chicken seasoning*, y cwmin a'r tyrmerig, a'u ffrio nes eu bod yn lliw aur neis. Rhowch y cyfan yn ochr y badell ffrio gyda'r bacwn.

✿ Ychwanegwch y nionyn, y garlleg a'r pupur coch, i gyd wedi'u torri'n fras.

✿ Pan fydd y nionyn wedi coginio, ychwanegwch y brocoli a'r pys.

✿ Torrwch y tomatos a'u hychwanegu, a throi'r llysiau o amgylch canol y badell ffrio nes y bydd y cyfan wedi coginio drwyddo. Dewch â'r cig i ganol y badell ffrio o'r ochr, a thro-ffrio'r cyfan efo'i gilydd i'w gymysgu'n dda.

✿ Ychwanegwch y saws Hoisin a joch o unrhyw saws arall o'r cwpwrdd rydych chi'n ei hoffi! Rhowch lwyaid fach o fêl ynddo i'w orffen.

Pryd al fresco Ellen Jones

CYNHWYSION

- 1 pwmpen cnau menyn (*butternut squash*) o faint cymedrol
- 1 nionyn coch
- 1 nionyn gwyn
- 4 ewin garlleg
- ½ llwy de cwmin
- 1 llwy de past perlysiau
- 1–2 llwy fwrdd olew olewydd
- pinsiaid da halen a phupur du.
- 1 pecyn caws Camembert (*un addas i'w bobi*)
- 1 pecyn o grwst pwff parod

DULL

❀ Paratowch y bwmpen a'r nionod drwy eu pilio a'u torri'n ddarnau cyfartal.

❀ Cymysgwch y past perlysiau hefo'r olew a'i wasgaru dros y cnawd pwmpen a'r nionod. Defnyddiwch eich dwylo i gymysgu'r cyfan cyn ei drosglwyddo i dun pobi.

❀ Rhowch y garlleg yn y gymysgedd a sgeintio'r halen, y pupur du a'r cwmin dros y cyfan. Gorchuddiwch y cyfan â ffoil a'i roi yn y popty am oddeutu 45 munud ar wres o 180°C. Ar ôl tua 30 munud tynnwch y ffoil a rhoi'r tun yn ôl yn y popty.

❀ Yn y cyfamser, paratowch y crwst. Os ydych chi'n defnyddio pecyn wedi ei rolio'n barod, gellir ei rannu yn 2 neu yn 4 petryal. Rhowch y crwst ar dun pobi a marcio llinell oddeutu modfedd i ffwrdd o'r ymyl, yr holl ffordd o gwmpas y petryal (gan ddefnyddio cyllell finiog). Gallwch frwsio llefrith drosto cyn ei roi yn y popty am tua 15 munud.

❀ Pan fydd y llysiau yn barod, rhowch nhw ar ganol y crwst a thaenu darnau o'r camembert ar y top cyn rhoi'r cyfan yn ôl yn y popty er mwyn toddi'r caws.

❀ Gallwch ei weini hefo catwad nionyn coch a salad gwyrdd.

Chilli llysieuol Ann Williams

CYNHWYSION
- 6 / 7 owns ffacbys (*lentils*) gwyrdd
- 1 nionyn
- 2 ewin garlleg
- 2 lond lwy de powdr chilli (*poeth neu fwyn – llwyaid o bob un fydda i'n ei ddefnyddio*)
- 1 llwy de cwmin
- 1 llwy de sinamon
- 1 pupur gwyrdd
- 1 pupur coch
- 1 moronen
- dipyn bach o bys (*wedi'u rhewi*)
- 2 dun tomatos
- tua 6 madarchen
- corbwmben (*courgette*)
- ½ peint stoc llysiau
- tun ffa Ffrengig (*kidney beans*)
- halen a phupur

DULL
- Torrwch y llysiau yn fân.
- Ffriwch y nionyn a'r garlleg ac ychwanegu'r ffacbys (mi fydda i'n eu socian nhw am hanner awr a'u rinsio'n dda cyn eu hychwanegu), y pupurau, y cwmin, y powdr chilli a'r sinamon.
- Coginiwch am ryw 10 munud cyn ychwanegu gweddill y cynhwysion, yn cynnwys y tomatos. Gadewch iddo fudferwi ar wres isel am tua 45 munud cyn ei weini.

Cyrri llysieuol y Cardi

Meinir Jones Parry

Mi wnes i ddewis yr enw 'Cyrri Llysieuol y Cardi' oherwydd y cysylltiad sydd gen i gydag Aberteifi. Byddwch yn siŵr o sylwi ar y llwy bren yn y llun gyda'r gair 'Cardigan' arni!

CYNHWYSION

- tua 200g tatws
- tua 200g tatws melys
- 3 winwnsyn
- 3 ewin garlleg
- 1 corbwmpen *(courgette)*
- 1 wylys (aubergine)
- 1 tun bach corbys *(chickpeas)*
- 1 tun bach ffa Ffrengig *(kidney beans)*
- 1 tun tomatos
- tua 100g olewydd gwyrdd neu ddu *(neu'r ddau)*
- tua 100g sbigoglys *(spinach)*
- 3 llwy fwrdd olew olewydd
- tua 200ml stoc llysiau
- 1 llwy de tyrmerig
- 1 llwy de powdr cyrri
- 1 llwy de powdr garam masala
- Ychydig o hufen sengl ffres
- Halen a phupur du

DULL

- Rhostiwch y llysiau (y tatws, tatws melys, 2 winwnsyn, 2 ewin garlleg, corbwmpen a'r wylys) mewn ychydig o olew olewydd gyda halen a phupur du am tua 20 munud.

- Ffriwch y winwnsyn arall a'r ewin garlleg arall mewn ychydig o olew olewydd ac yna ychwanegwch y powdr tyrmerig, y powdr cyrri a'r powdr garam masala. Yna, ychwanegwch y tomatos, y stoc llysiau ac ychydig yn rhagor o halen a phupur du.

- I orffen, cyfunwch y llysiau rhost gyda'r saws ac ychwanegwch yr olewydd, y corbys, y ffa Ffrengig a'r sbigoglys, ac yna ychydig o hufen. Gadewch i'r cyrri fudferwi.

- Joiwch!

Linguine bwyd môr

Lynwen a Glain Jones

Rydan ni wedi defnyddio linguine yma, ond gallwch ddefnyddio spaghetti os hoffech chi.

CYNHWYSION
digon i fwydo 4

- 500g cregyn gleision
- 300g corgimychiaid mawr amrwd, wedi eu pilio
- 2 ewin garlleg
- 5 llwy fwrdd olew olewydd
- sudd lemon
- 1 chilli wedi'i dorri'n fân
- 220g tomatos bach wedi'u haneru
- 500g linguine ffres *(neu spaghetti)*
- pupur a halen
- 250ml gwin gwyn sych
- Bwnsh o bersli ffres *(30g)*

DULL

❧ Glanhewch y cregyn gleision trwy eu sgwrio mewn dŵr oer, a thynnu'r barfau. Os oes unrhyw rai yn aros ar agor ar ôl eu taro yn erbyn rhywbeth caled, yna bydd yn rhaid eu taflu.

❧ Cynheswch yr olew olewydd mewn sosban fawr â chaead arni, ac ychwanegwch y garlleg, chilli a'r tomatos bach. Ar ôl munud neu ddwy, ychwanegwch y cregyn gleision a'r gwin. Rhowch y caead yn ôl ar y sosban, a pharhewch i goginio am 1-2 munud, neu nes bod y cregyn gleision yn agor. Os bydd unrhyw gregyn gleision yn parhau ar gau ar ddiwedd y coginio, bydd angen eu taflu.

❧ Ychwanegwch y corgimychiaid a'u coginio am 4-5 munud arall, yna ychwanegwch y sudd lemon. Tynnwch y sosban oddi ar y gwres ac ychwanegwch y persli wedi'i dorri'n fras. Ychwanegwch halen a phupur du wedi'i falu'n ffres.

❧ Yn y cyfamser, coginiwch y linguine mewn dŵr berwedig wedi'i halltu'n ysgafn am 7-8 munud, neu nes ei fod yn *al dente*. Ychwanegwch y pasta i'r sosban at y saws pysgod cregyn, cymysgu'r cyfan yn dda a'i weini ar unwaith.

Cyrri corgimwch Thai coch Tomos Huw Owen

Mae hwn yn fwy arbennig wedi'i weini efo reis sydd wedi'i goginio hefo 2 star anise a chodennau *(pods)* cardamom.

CYNHWYSION
digon i fwydo 2

- 1 nionyn
- 2 ewin garlleg
- Darn o sinsir, wedi'i falu / gratio
- 1 neu 2 chilli
- 2 coesyn lemongrass
- 1 llwy fwrdd past ansiofi *(anchovy paste)*
- 1 llwy de saws pysgod
- 1 llwy fwrdd past cyrri coch
- 1 tun llaeth cnau coco
- ffa gwyrdd
- saws soi
- 2 deilen lawryf *(bay leaf)*
- Corgimychiaid *(tua 100g i bob person)*
- Sudd lemon a leim

DULL

❁ Rhowch y nionyn, y garlleg, y sinsir, a'r lemongrass (oll wedi'u torri'n fân) a'r saws soi mewn padell ffrio gydag olew llysiau nes eu bod yn feddal.

❁ Ychwanegwch y past ansiofi, y past cyrri coch a'r chilli a'u ffrio am funud cyn ychwanegu 200ml o ddŵr i gyfuno popeth.

❁ Ychwanegwch y llaeth cnau coco, gyda'r mymryn lleiaf o sudd lemon a'r saws pysgod. Cymysgwch bopeth, ac ychwanegu halen a phupur.

❁ Ychwanegwch y dail llawryf a'r ffa a mudferwi popeth am 10 munud. Ychwanegwch y corgimwch a choginio am 5 munud.

❁ I weini, rhowch y cyrri ar blât gyda reis, a'i addurno â basil ffres a sleisen o leim.

Wellington eidion

Heledd Roberts

Mi fydda i'n mwynhau hwn efo tatws stwnsh, merllys (asparagus) wedi'i rostio a jus gwin coch a nionyn.

CYNHWYSION
- ffiled 1 cilogram o gig eidion o siop y cigydd lleol
- mwstard Welsh Lady *(neu fwstard cyffelyb)*
- 12 darn ham prosciutto
- 700g madarch
- 4 ewin garlleg
- halen a phupur
- pecyn o grwst pwff parod
- wy wedi'i guro *(ar gyfer sgleinio'r crwst)*

DULL

- Gorchuddiwch y cig yn drylwyr â halen a phupur.

- Cynheswch badell ffrio sy'n cynnwys chydig o olew ar dymheredd uchel nes y bydd yn mygu. Rhowch y darn cig eidion yn y badell ffrio i frownio drosto – nid coginio'r cig ydi'r nod; mae'n rhaid cadw tu mewn y ffiled yn binc gan ei fod yn mynd i'r popty'n nes mlaen.

- Brwsiwch fwstard cwrw Welsh Lady Preserves (y *beer mustard*) dros y cig tra mae o'n dal yn boeth fel bod y mwstard yn amsugno i mewn i'r cig tra mae'n oeri. (Os nad ydi'r mwstard hwnnw ganddoch chi, gallwch ddefnyddio unrhyw fwstard arall).

- Gwnewch y gymysgedd madarch drwy roi'r madarch, y garlleg a'r pupur a halen mewn prosesydd bwyd er mwyn ei falu'n fân. Rhowch y cyfan mewn padell ffrio sych i goginio, er mwyn i'r holl ddŵr chwysu allan o'r madarch. Y nod ydi cael y gymysgedd mor sych â phosib fel nad ydi'r crwst yn mynd yn soeglyd yn nes ymlaen. Draeniwch ddŵr y madarch ymaith.

- Taenwch gling-ffilm dros fwrdd torri a gosod 12 darn o ham prosciutto arno fel eu bod yn gorgyffwrdd. Taenwch y gymysgedd madarch sych dros y cig.

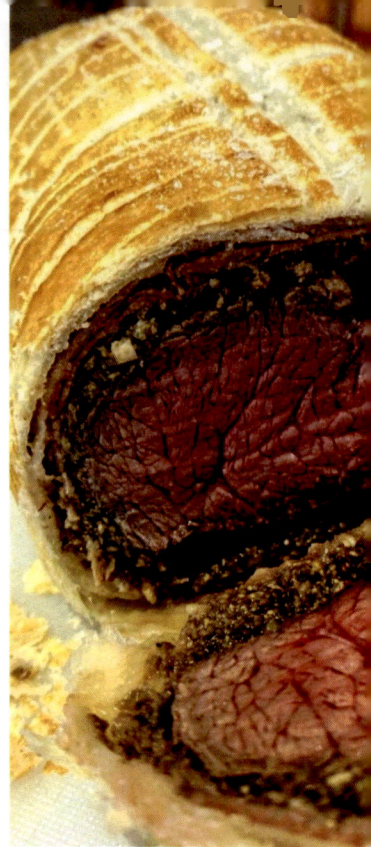

✿ Gosodwch y darn cig ar ganol y prosciutto / madarch a thynnu'r cling-ffilm dros y cig, a'i rowlio fel bod popeth yn rholyn tyn. Pan fydd y cig wedi'i lapio'n dynn yn y prosciutto, clymwch bennau'r cling-ffilm a gosod y darn cig yn yr oergell am tua 20 munud er mwyn i'r cyfan gadw'i siâp.

✿ Ar ôl yr 20 munud rhowch ddarn newydd o gling-ffilm dros y bwrdd torri a gosod y crwst pwff parod arno. (Os nad ydi'r crwst wedi'i rowlio'n barod bydd yn rhaid i chi ei rowlio allan nawr i faint chydig mwy na maint y sgwaryn prosciutto).

✿ Tynnwch y cig o'r oergell a phlicio'r cling-ffilm oddi arno. Gosodwch y rholyn ar y crwst a defnyddio'r cling-ffilm sy oddi tano i'ch helpu i lapio'r crwst o amgylch y cig i greu parsel tyn. Seliwch yr ymylau gyda chydig o ddŵr neu wy wedi'i guro.

✿ Rhowch y Wellington yn yr oergell am 20 munud arall. Gallwch baratoi'r Wellington hyd at y cam hwn y diwrnod cynt, os hoffech chi, a'i adael yn yr oergell dros nos.

✿ Cynheswch y popty i 200°C. Rhowch haenen o bapur gwrthsaim ar dun pobi, a gosod y Wellington arno. Brwsiwch wy wedi'i guro dros y crwst a'i farcio'n ysgafn â chefn cyllell i greu patrwm, os hoffwch chi. Bydd angen ei rostio am 35 munud i gael cig *medium rare*.

✿ Ar ôl ei dynnu o'r popty, rhowch y Wellington o'r neilltu am 10 munud cyn ei weini er mwyn i'r cig gael amsugno'r sudd coginio. Gan ddefnyddio cyllell finiog, torrwch ef yn ddarnau tew – tua 2cm o drwch – i'w weini.

Porc rhacs a focaccia Lloyd Henry

Byddaf yn gweini hwn gyda salad o'r ardd.

CYNHWYSION Y PORC RHACS

- 2 lwy de paprica mwg (*smoked*)
- 2 lwy de cwmin
- 2 lwy de pupur du
- 2 lwy de siwgr brown
- 1 llwy de halen
- 2 gwpanaid o seidr (*cymharol felys / cymharol sych*)
- ysgwydd o borc heb esgyrn (*tua 2½ cilogram*)
- 1 cwpan o saws barbeciw da (*blas mwg*)

DULL Y PORC RHACS

- Cymysgwch y paprica mwg, y cwmin, y pupur du, yr halen a'r siwgr brown efo'i gilydd mewn dysgl fach. Rhwbiwch y gymysgedd dros y porc, gan ei dylino i mewn i'r cig yn dda.

- Rhowch y porc mewn dysgl caserol fawr, gydag ochr y croen i fyny, ac arllwyswch 2 gwpanaid o seidr drosto.

- Gorchuddiwch y ddysgl caserol a'i rhoi yn y ffwrn (gwres 150°C/ 130°C ffan/nwy 2) am o leia 4 awr, neu nes y bydd y cig yn frau iawn. Tynnwch y cig o'r ddysgl caserol a'i roi mewn dysgl arall, gan adael yr hylif coginio yn y caserol.

- Torrwch y croen oddi ar y cig, yna rhwygwch y cig yn stribedi gan ddefnyddio dwy fforc. Taflwch unrhyw ddarnau brasterog, a thynnu unrhyw fraster oddi ar wyneb y saws yn y ddysgl caserol.

- Ychwanegwch gwpanaid o saws barbeciw (un da, blas mwg, sydd orau) i beth o'r hylif coginio a'i roi mewn powlen ar gyfer dipio.

- Rhowch y porc wedi'i racsio yn ôl yn y caserol gyda gweddill yr hylif coginio fel ei fod yn aros yn llaith. Coginiwch eto ar wres isel am hyd at 8 awr neu nes ei fod yn cwympo'n ddarnau. Edrychwch arno bob ychydig o oriau rhag ofn iddo sychu – os ydyw, ychwanegwch gwpanaid arall o seidr.

- Gallwch ei weini â'r bara foccacia, corn melys a cholslo.

Mae nifer o seidrau Cymreig da y gallwch eu defnyddio ar gyfer y rysáit hon – ewch i chwilio am un sy'n lleol i chi!

CYNHWYSION Y FOCACCIA

- 500g / 1pwys 2 owns blawd gwyn cryf
- 2 lwy de halen
- 1 pecyn (7g) burum sych
- 2 lwy fwrdd olew olewydd
- 400ml / 14 owns hylifol dŵr oer
- olew olewydd, ar gyfer ei daenu ar y top
- halen môr i weini
- Yn ychwanegol: rhosmari neu deim ffres, neu chilli wedi'i falu

DULL

❀ Rhowch y blawd, yr halen, y burum, yr olew olewydd a 300ml / 10½ owns hylifol o'r dŵr mewn powlen fawr. Cymysgwch yn ofalus â'ch llaw neu lwy bren i ffurfio toes, yna tylinwch y toes yn y bowlen am bum munud, gan ychwanegu'r dŵr sy'n weddill yn raddol.

❀ Ymestynnwch y toes â llaw yn y bowlen, gan dynnu'r ochrau i'r canol, troi'r bowlen 90 gradd ac ailadrodd y broses am tua phum munud.

❀ Trosglwyddwch y toes i fwrdd wedi'i iro a dal i'w dylino am bum munud arall. Dychwelwch y toes i'r bowlen, gorchuddiwch ef a'i adael i godi nes ei fod wedi dyblu mewn maint.

❀ Leiniwch dun pobi mawr gyda phapur pobi. Pwyswch y toes yn fflat ar hyd y tun pobi, gan ei wthio i'r corneli, a gorchuddio'r cyfan â bag plastig mawr, gan sicrhau nad yw'n cyffwrdd ag arwyneb y toes. Gadewch iddo godi am awr.

❀ Cynheswch y ffwrn i 220°C/200°C ffan/nwy 7. Sgeintiwch olew a halen môr mân dros ben y dorth, a'i phobi am 20 munud. Ar ôl i'r dorth goginio, sgeintiwch ychydig mwy o olew olewydd arni a'i gweini'n boeth neu'n gynnes.

Rhowch gynnig ar ychwanegu perlysiau fel rhosmari neu deim, neu efallai ychydig o chilli wedi'i falu.

Pei pysgod
Mair Bebb Jones

CYNHWYSION
digon i fwydo 4

- 2 nionyn o faint canolig
- pysgod amrywiol ee. penfras, corgimwch, hadog, cregyn gleision, cranc ac ati, rhai ffres neu wedi'u rhewi *(tua 100g i bob person)*
- llysiau ffres neu rai cymysg wedi'u rhewi
- mint ffres
- menyn *(bydd tua chwarter blocyn yn ddigon i wneud saws i 4)*
- llefrith
- blawd plaen
- halen a phupur
- caws
- tatws *(digon i 4)*

DULL

❀ Rhowch olew mewn padell ffrio a'i rhoi ar wres canolig i gynhesu.

❀ Ychwanegwch y nionod (wedi'u torri'n fân) a'u coginio, gan eu troi yn achlysurol hyd nes eu bod yn frown.

❀ Yn y cyfamser, gwnewch y saws gwyn mewn sosban arall (toddi'r menyn, ychwanegu digon o flawd i wneud past a'i gymysgu'n dda, coginio'r past am ychydig funudau ac ychwanegu llefrith fesul ychydig gan droi drwy'r amser hyd nes bydd y saws wedi tewhau / tewychu). Ychwanegwch ddail mint wedi eu torri'n fân i'r saws a'i gymysgu nes y bydd yn llyfn a gweddol drwchus.

❀ Ychwanegwch y llysiau at y nionod gyda llond llwy fwrdd o ddŵr poeth, a gadewch iddynt goginio am ryw bum munud.

- Rhowch y pysgod yng ngwaelod dysgl weddol ddofn sy'n addas i fynd i'r popty. Tywalltwch gynnwys y badell ar ben y pysgod gyda halen a phupur, ac yna'r saws ar ben y cyfan. Rhowch gaead ar y ddysgl a'i rhoi yn y popty am 35–40 munud.

- Yn y cyfamser pliciwch y tatws a'u berwi. Malwch nhw'n fân i greu tatws stwnsh pan fyddant yn barod.

- Ar ddiwedd y 40 munud, rhowch haen drwchus o datws ar ben cynnwys y ddysgl. Sgeintiwch / gwasgarwch gaws ar ben y tatws a rhowch y cyfan o dan y gril hyd nes bydd y caws wedi toddi a dechrau brownio.

- Mae'n well gweini'r pryd yn boeth, gydag ychydig o fint ffres ar ochr y plât a gwydraid o'ch hoff win.

Ydi'ch sbarion neu bilion tatws yn mynd i'r bin fel arfer? Ffriwch nhw am ychydig funudau cyn ychwanegu pinsiaid o halen, ac mi gewch chi greision gwerth chweil!

Llyr Serw

Siancen cig oen

Mark Roberts

Cofiwch wneud yn siŵr mai cig oen Cymreig rydach chi'n ei brynu, a hynny o'ch siop cigydd leol!

CYNHWYSION
i fwydo 4

- 4 siancen cig oen Cymreig
- peint o stoc cig oen
- ¼ peint gwin coch
- rhosmari ffres wedi'i dorri'n fân
- 1 llwy fwrdd jeli cyrens coch
- 1 llwy fwrdd mwstard llyfn *(a dwy lwy de mwstard cyflawn ar gyfer y tatws)*
- 1 llwy fwrdd saws Caerwrangon *(Worcestershire sauce)*
- pupur a halen
- 6 ciwb bach menyn heb halen *(yn oer)* a menyn ychwanegol ar gyfer y llysiau a'r tatws
- ewin garlleg
- 1 star anise
- hufen dwbl
- tatws
- moron
- ffa gwyrdd

DULL

- ✿ Seliwch y darnau cig mewn padell ffrio boeth gydag olew olewydd nes y maent wedi brownio.

- ✿ Rhowch y sianciau mewn tun rhostio gyda pheint o stoc cig oen, a gorchuddio'r tun gyda ffoil.

- ✿ Rhowch yn y popty am 2 ½ awr ar wres o 180°C.

- ✿ Ar ôl i'r amser hwnnw ddod i ben, gwnewch yn siŵr fod y cig yn dyner ac yn dechrau disgyn oddi ar yr asgwrn (ond nid gormod).

- Gadewch i'r cig orffwys, a hidlo'r stoc i mewn i sosban. Ychwanegwch y gwin coch, y rhosmari, y jeli cyrens coch, y mwstard, y saws Caerwrangon a phupur a halen. Rhowch dro go dda i'r cyfan a'i adael i fudferwi.

- I orffen y grefi, ychwanegwch y ciwbiau menyn oer (bydd y rhain yn help i dewychu / tewhau'r grefi a rhoi sglein neis iddo). Blaswch i weld a oes angen mwy o bupur a halen.

- Berwch y ffa gwyrdd mewn dŵr am 5 munud. Draeniwch y dŵr ymaith a'u ffrio mewn menyn a garlleg.

- Pliciwch y moron a'u torri yn ddarnau go fawr cyn eu berwi mewn dŵr ac ynddo 1 star anise. Pan fyddan nhw'n dyner draeniwch y dŵr ymaith a throsglwyddo'r moron i badell i'w ffrio'n ysgafn efo menyn a phinsiaid o siwgr.

- Stwnsiwch y tatws ar ôl eu berwi mewn dŵr a halen, gan ychwanegu menyn, hufen dwbl, pupur du a'r mwstard cyflawn. Ychwanegwch fwy o halen os oes angen.

- I weini, gwnewch *quenelle* o datws yng nghanol y plât a rhoi siancen cig oen yn ofalus ar ei ben. Tywalltwch y grefi dros y bwyd yn daclus, a gosod y llysiau o amgylch y cig. Mwynhewch!

i wneud y *quenelle*, codwch lond llwy fwrdd o datws stwnsh. Gan ddefnyddio llwy fwrdd arall, llithrwch y tatws o un llwy i'r llall o'r ochr, nes bod ganddoch chi lwmpyn hirgrwn, taclus o datws ag arwyneb llyfn iddo. Mae hon yn ffordd neis o weini hufen iâ a hufen wedi'i chwipio hefyd (gan ddefnyddio llwyau llai!)

PROTECTED GEOGRAPHICAL INDICATION

WELSH LAMB
CIG OEN CYMRU

Porc sur a melys dull Tsieineaidd

Elwen Roberts

Dyma ffefryn yn ein tŷ ni - fy fersiwn i o sweet and sour pork.
Hawdd iawn i'w wneud ac yn cynnwys lot o lysiau yn y saws!

CYNHWYSION

Amser paratoi 30 munud **Amser coginio** 20-25 munud
i fwydo 4

- 450g stêcs lwyn porc o Gymru wedi'u torri'n giwbiau

I'r marinad

- 1 llwy fwrdd saws soi (dewiswch un sy'n isel mewn halen)
- 2 lwy fwrdd finegr
- Pinsiaid gronynnau garlleg

I'r cytew crensiog

- 2 wy, wedi'u curo
- 100g blawd plaen
- 50g blawd corn
- Pinsiaid o bupur a halen
- Olew llysiau i ffrio

I'r saws

- 1 llwy fwrdd olew
- 2 ewin garlleg wedi'u gratio
- Darn 3cm sinsir ffres wedi ei gratio
- 1 nionyn mawr wedi'i dorri'n ddarnau
- 1 pupur coch wedi'i dorri'n sgwariau
- 1 pupur gwyrdd wedi'i dorri'n sgwariau
- 2 foronen wedi'u sleisio'n denau
- tun 300g pinafal, y darnau a'r sudd
- 1 llwy fwrdd siwgr brown
- 1 llwy fwrdd saws chilli melys
- 2 lwy fwrdd saws soi isel mewn halen
- 2 lwy fwrdd sôs coch *(ketchup)*
- 4 llwy fwrdd finegr

I weini

- Reis wedi ei goginio
- Hadau sesame
- Darnau o shibwns wedi'u torri

PORC BLASUS

PORC PORK

DULL

❁ Mewn powlen, cymysgwch y cynhwysion ar gyfer yr marinad, ychwanegwch y cig a'i gymysgu'n dda. Ei adael i sefyll am tua 30 munud.

❁ I wneud y saws, cynheswch yr olew mewn padell ffrio, ychwanegwch y sinsir a'r garlleg, ei droi am funud ac yna ychwanegu'r nionyn, y pupur a'r moron. Coginiwch am tua 5 munud, yna ychwanegu gweddill cynhwysion y saws. Codwch y cyfan i'r berw a'i dynnu oddi ar y gwres hyd nes y bydd y cig yn barod.

❁ Paratowch y cig drwy gymysgu'r blawd plaen, y blawd corn, y pupur a'r halen, a rhoi pob darn o gig yn ei dro yn y gymysgedd blawd, yna yn yr wy ac yn ôl yn y blawd.

❁ Rhowch tua 2cm o olew mewn padell ffrio eitha dwfn, a'i gynhesu. Pan fydd yn boeth rhowch tua hanner y darnau porc i mewn ynddi a'u ffrio am tua 4 munud bob ochr nes y byddant yn lliw euraid. Tynnwch nhw o'r olew a'u rhoi ar bapur cegin i ddraenio tra byddwch yn ffrio gweddill y porc.

❁ I weini, cynheswch y saws a throi'r porc ynddo, a'i weini'n syth gyda reis gan sgeintio hadau sesame a shibwns drosto.

Ffesant gyda saws Port, tatws hufennog, nionyn Roscoff a dau fath o foron

Daniel Griffiths

Tad fy mhartner, Philip Griffith, wnaeth hela'r ffesant hwn yn lleol – a fo wnaeth ei bluo a'i lanhau hefyd!

CYNHWYSION

- 1 ffesant cyfan
- 2 foronen
- 2 daten fawr
- 2 nionyn gwyn
- 500ml hufen dwbl
- llond llaw o ferwr y dŵr *(watercress)*
- 50ml Port neu win coch
- 2 ewin garlleg
- 2 llwy fwrdd finegr balsamig
- 2 sbrigyn teim
- 1 ciwb stoc cyw iâr neu lysiau
- 20g blawd plaen
- 50g menyn
- 500ml olew olewydd
- halen a phupur

DULL

✿ Torrwch y coesau oddi ar y ffesant er mwyn eu coginio yn y dull *confit*. Rhowch y coesau mewn sosban ddofn efo'r 2 ewin garlleg a'r teim. Tywalltwch yr olew olewydd drostynt nes eu bod wedi'u gorchuddio'n gyfan gwbl a rhowch y sosban ar wres isel iawn ar y stof am 5–6 awr.

✿ Seliwch weddill y ffesant mewn padell ffrio boeth efo menyn ac olew nes mae'r croen yn frown, a rhowch y ffesant mewn tun rhostio efo cwpanaid o stoc cyw iâr neu lysiau. Rhowch ffoil yn dynn dros y tun a'i roi yn y popty (190°C/nwy 5) am awr a chwarter.

- I wneud y nionyn Roscoff: pliciwch y croen allanol oddi ar un nionyn a'r dorri yn ei hanner ar draws (nid o'r gwreiddyn i'r top). Seliwch ddau hanner y nionyn mewn padell ffrio efo'r finegr balsamig nes y bydd yr ochr doredig wedi carameleiddio, a'i roi o'r neilltu.

- Pliciwch ddwy foronen, a thorri ochr dewaf y ddwy yn ddarn 2 fodfedd (i wneud moron *fondant*). Torrwch weddill y moron yn sleisys hafal a'u berwi mewn dŵr hallt.

- Rhowch y ddau ddarn moron ar gyfer y *fondant* efo'r ddau hanner nionyn mewn tun rhostio gydag ychydig o olew wedi'i sgeintio drostynt, a'u rhoi yn y popty am 30-35 min (ar yr un tymheredd â'r ffesant).

- Pliciwch a thorrwch y tatws a'u berwi mewn dŵr hallt.

- Torrwch hanner y nionyn arall yn fân i wneud y creision nionyn, eu dystio â blawd plaen a'u ffrio mewn digon o olew poeth *(deep fry)*. Pan fydd y darnau nionyn yn codi i'r wyneb, tynnwch nhw allan, sgeintio halen drostynt a'u rhoi ar bapur cegin i galedu.

- Pan fydd y tatws yn barod, draeniwch y dŵr oddi arnynt a'u gadael yn y sosban. Ychwanegwch 75ml o hufen dwbl, 50g o fenyn a phupur a halen, cyn eu stwnshio nes y byddan nhw'n llyfn.

- Pan fydd y moron gafodd eu berwi yn barod, draeniwch y dŵr o'r sosban a thywallt hufen i'r sosban ar eu pennau (yr un faint o hufen ag sydd ganddoch chi o foron yn y sosban). Berwch y cyfan nes y bydd lefel yr hufen wedi lleihau i'w hanner, ac ychwanegwch 25g o fenyn. Rhowch y cyfan mewn peiriant llyfnu *(blender)* nes y mae o'n llyfn.

- Golchwch y berwr y dŵr a'i roi o'r neilltu.

- Pan fydd y ffesant (sydd yn y popty) yn barod, tynnwch y cig allan o'r popty a'i adael i orffwys am hanner awr.

- Codwch y coesau ffesant allan o'r olew a'u rhoi i oeri.

- Tywalltwch y sudd coginio o'r tun rhostio i sosban a'i dewhau gyda dwy lwy fwrdd o flawd plaen a 50ml o Port / gwin coch. Chwisgiwch y saws a'i adael i dewhau ymhellach drwy ei ferwi (nes y bydd yn ddigon trwchus i orchuddio cefn llwy).

- Tynnwch y ddwy frest oddi ar gorff y ffesant i'w gweini.

- Rhannwch y bwyd rhwng dau blât, a'i weini hefo'r berwr y dŵr ar yr ochr.

Peli cig cartref mewn saws tomato efo wy

Iola Jones

CYNHWYSION
digon i 4 person

Ar gyfer y peli cig
- 500g briwgig eidion *(braster 5%)*
- 1 nionyn gwyn wedi ei falu'n fân
- llond llaw o bersli ffres *(deilen wastad)* wedi ei falu'n fân
- 1 llwy de paprica *(nid yr un mwg)*
- 1 llwy de cwmin
- ½ llwy de pupur du
- ½ llwy de halen
- 1 wy

Ar gyfer y saws tomato
- 1 tun tomatos wedi eu malu
- 3 ewin garlleg wedi'u malu'n fân
- 1 llwy de paprica
- ½ llwy de pupur du
- ½ llwy de cwmin
- llond llaw o bersli ffres *(cadwch ychydig yn ôl i weini)*
- 1 lwy de piwrî tomato
- ½ cwpaned dŵr

DULL

❀ I wneud y peli cig, cymysgwch y cynhwysion uchod i gyd yn dda, eu siapio'n beli (maint pêl ping-pong) a'u rhoi yn yr oergell am ryw hanner awr.

❀ Rhowch 1 llwy fwrdd o olew olewydd mewn padell ffrio drom a choginio / brownio'r peli uwch gwres cymedrol, a'u rhoi o'r neilltu.

❀ I wneud y saws, defnyddiwch yr un badell ffrio (a'r ychydig olew sydd ar ôl ynddi) i ffrio'r garlleg nes y bydd wedi meddalu.

❀ Ychwanegwch y tun tomatos a gweddill y cynhwysion, a'u cymysgu'n dda.

- Dewch â'r saws i'r berw, ei orchuddio a gadael iddo fudferwi ar wres isel am ryw 5 munud.

- Rhowch y peli cig yn y saws a choginio'r cyfan ar wres cymedrol am tua 20 munud nes bydd y peli wedi coginio drwyddynt.

- Torrwch 4 wy i mewn i'r badell ffrio, rhoi'r caead yn ôl arni a choginio'r cyfan eto ar wres isel am ryw 10 munud (os ydych am wyau meddal, nid oes angen cymaint o amser).

- Tynnwch y badell oddi ar y gwres, sgeintiwch bersli dros y cyfan a gadael iddo setlo am ychydig o funudau cyn ei weini gyda bara ffres neu fara garlleg.

> Rhowch friwgig *(mince)* mewn bag plastig a'i wasgu'n fflat cyn ei rewi – mae'n cymryd llai o le yn y rhewgell ac yn cymryd llai o amser i ddadmer.
> **Tracy Ann Pritchard**

Pasta sydyn Delyth Vaughan Rowlands

Does dim rhaid i chi gynnwys popeth sydd yn y rhestr gynhwysion yn y pryd hwn - gallwch ddefnyddio unrhyw lysiau sydd gennych yn y tŷ. Mae'n rysáit hyblyg iawn, a gallwch hepgor y cig i'w wneud yn llysieuol.

CYNHWYSION
digon i 4 person

- 1 nionyn *(coch neu wyn)* wedi'i dorri'n dameidiau bras
- 2-3 ewin garlleg *(yn dibynnu faint o flas garlleg rydach chi'n ei hoffi)* wedi'u torri'n fân
- 1-2 pupur ffres *(unrhyw liw)* wedi'u torri'n dameidiau bras
- 1 corbwmpen *(courgette)* wedi'i dorri'n dameidiau bras
- llond llaw o fadarch wedi'u tafellu
- llond llaw o domatos bach wedi'u haneru
- llond llaw dda o sbigoglys *(spinach)*
- 1 chorizo neu ddarnau o gyw iâr *(neu'r ddau)*
- 1 tun tomatos wedi'u torri'n fân, neu garton o passata neu jar o saws pasta parod
- pupur a halen

i weini
- pasta / reis, neu courgetti *(corbwmpen wedi'i dorri'n stribedi a'i ffrio)*
- Caws wedi'i gratio *(mozzarella, parmesan neu gaws cheddar)*

DULL

❀ Mewn padell ffrio reit ddofn, ffriwch y nionyn a'r garlleg i'w meddalu, gyda'r darnau cyw iâr (os ydach chi am ddefnyddio cig).

❀ Ychwanegwch y chorizo a'r pupur(au), corbwmpen, madarch a'r tomatos bach ynghyd â'r tun / carton o domatos / saws pasta a chydig o bupur a halen.

❀ Berwch / ffriwch y cwbl ar wres isel a rhoi pasta neu reis / courgetti i goginio mewn sosban arall.

❀ Pan fydd y llysiau i gyd wedi meddalu a'r cig wedi'i goginio, ychwanegwch y sbigoglys i'r badell ffrio reit ar y diwedd. Yna, cymysgwch y pasta i mewn i'r saws, neu weini'r saws gyda reis neu courgetti.

❀ Rhowch gaws ar ben y cyfan os ydach chi awydd, ond does dim rhaid.

Cinio Dydd Sul

Mae gwneud y cinio dydd Sul perffaith yn grefft!
Dyma chydig o gynghorion i chi ...

Pwdin Efrog Sian Jenkins

Os fyddwch chi wedi gwneud gormod o'r rhain
maen nhw'n rhewi yn dda. Neu gwnewch fel
roedd Mam yn wneud pan oeddwn yn blentyn,
a'u llanw nhw gyda jam a hufen!

CYNHWYSION

- 1 cwpan wyau
- 1 cwpan llaeth
- 1 cwpan o fflŵr / blawd plaen

DULL

- Chwisgiwch y cyfan efo'i gilydd i wneud cytew *(batter)* tenau.
- Tywalltwch chydig o olew i dun myffins / cacennau bach, a rhoi'r tun mewn popty poeth.
- Pan fydd yr olew yn boeth iawn, arllwyswch y gymysgedd i mewn i'r tun, a choginio nes bydd y pwdinau wedi codi a brownio.

Grefi Elin Wiliam

Rhostiwch eich cig ar wely o foron, nionyn a
chennin mewn ychydig o stoc cig eidion gwan.
Unwaith mae'r cig yn barod, rhowch y cwbl
mewn sosban hefo chydig o ddŵr y llysiau, a
blendio'r cwbl. Grefi trwchus heb flawd.

Tatws rhost Nia Mai Lynch

Er mwyn rhoi crensh ychwanegol i'ch tatws
rhost, sgeintiwch semolina sych drostyn nhw
ar ôl eu berwi.

Ilun: Lisa Owen

PWDINAU

Treiffl mewn gwydr

Llywela Jones

CYNHWYSION

- paced o jeli
- paced o bowdr cwstard a llefrith
- 200ml hufen dwbl
- siocled
- mefus
- cant-a-mil *(sprinkles)*
- gwydr jin mawr

DULL

❀ Cymysgwch y jeli gyda dŵr poeth gan ddilyn cyfarwyddiadau'r paced, a rhoi'r gwydr i orffwys fel bod y jeli ar ongl fel y gwelwch yn y llun. Gadewch i'r jeli setio fel hyn yn yr oergell dros nos.

❀ Paratowch y cwstard gan ddilyn y cyfarwyddiadau ar y paced (mae angen iddo fod yn reit drwchus) a'i adael i oeri. Trowch y gwydrau yn ôl i fyny a rhoi'r cwstard ar ben y jeli fel ei fod yn llenwi'r gwydr. Mae angen gadael i'r cwstard setlo am ryw ddwyawr cyn dechrau ei addurno.

❀ I addurno'r treiffl, chwipiwch hufen dwbl a'i roi mewn bag peipio, er mwyn peipio rownd top y treiffl (i edrych fel hufen iâ). Ychwanegwch siocled, cant-a-mil lliwgar a mefus i'w orffen.

Hufen afal eira

Helen Evans

Hwn oedd y pwdin cynta ddysgodd fy mam i mi.
Ar ddiwrnod poeth, mae o'n lyfli yn syth o'r oergell.

CYNHWYSION

- 2 neu 3 afal bwyta
- 4 owns siwgr caster
- 2 gwynnwy
- Ceirios *glacé*

DULL

- Pliciwch yr afalau a'u torri'n ddarnau.

- Coginiwch yr afalau mewn ychydig o ddŵr nes i'r gymysgedd ddod yn debyg i saws afal.

- Ychwanegwch tua hanner y siwgr caster i felysu'r saws. Rhowch y gymysgedd o'r neilltu am y tro.

- Chwipiwch y ddau wynnwy nes eu bod yn edrych yr un fath â meringue. Ychwanegwch weddill y siwgr caster yn ofalus i'r gwynnwy.

- Rhowch y gymysgedd afal ar ben y meringue, gan ei blygu i mewn i'r gwynnwy'n ofalus â llwy. Peidiwch â'i gymysgu'n galed, dim ond yn ysgafn, nes bydd y gymysgedd yn edrych yn debyg i farmor (dylech allu gweld y chwyrliadau o wy ac afal ar wahân ynddo).

- Rhowch yn yr oergell i gadw'n oer.

- Pan fyddwch yn barod i'w weini, rhowch y gymysgedd mewn gwydrau a'u haddurno â cheirios *glacé*.

Mŵs mefus a choulis mafon

Eileen Jenkins

Byddaf yn galw hwn yn fŵs pum muned gan ei fod mor hawdd!

CYNHWYSION

- pecyn o jeli mefus
- 300ml hufen chwipio
- 12 mefus ffres
- 2 llond llwy fwrdd siwgr caster
  (*i wneud y mŵs*)
- tun 170g llaeth anwedd (*evaporated milk*)
- 12 mafon ffres (*a rhai ychwanegol i addurno*)
- 2 lond llwy de siwgr caster (*i wneud y coulis*)

DULL

✿ Gwnewch y jeli gan ddilyn cyfarwyddiadau'r paced a'i adael i setio.

✿ Chwipiwch yr hufen a chwipiwch y llaeth anwedd mewn powlenni gwahanol, yna plygwch yr hufen i mewn i'r llaeth anwedd.

✿ Mudferwch y mefus efo dwy lond llwy fwrdd o siwgr caster a'i adael i oeri. Rhidyllwch (*sieve*) y mefus i gael gwared â'r hadau.

✿ Gan ddefnyddio chwisg, ychwanegwch y jeli – llwyaid ar y tro – at yr hufen, ac yna ychwanegwch y piwrî mefus. Rhowch y gymysgedd yn syth i mewn i bowlenni unigol a'i addurno efo hufen a mafonen ffres.

✿ I wneud y *coulis*, mudferwch 6 o'r mafon efo 2 llond llwy de o siwgr caster, a'i ddotio'n hardd o amgylch y mŵs wrth ei weini.

Pwdin peach melba

Eileen Jenkins

CYNHWYSION

- 6 eirinen wlanog (peaches)
- 4 llwy de siwgr caster

I wneud yr hufen iâ

- 6 wy
- hanner cwpan siwgr caster
- past fanila
- 1 cwpan hufen dwbl

I wneud y saws mafon

- 12 mafonen
- 2 lwy fwrdd siwgr caster

DULL

- Rhowch yr eirin gwlanog i fudferwi mewn sosban efo 4 llwy de o siwgr caster am 7-8 munud. Ar ddiwedd y cyfnod hwn bydd y croen yn dod i ffwrdd yn hawdd a'r eirin gwlanog wedi meddalu. Sleisiwch y ffrwythau a'i gosod mewn dysglau unigol.

- Bydd angen *bain marie* (sosban o ddŵr berw a phowlen wedi'i gosod ar ei phen, yn cyffwrdd y dŵr) i wneud yr hufen iâ.

- Rhowch 2 wy cyfan a 4 melynwy efo'r hanner cwpan o siwgr caster yn y bowlen dros y sosban ac ychwanegu'r past fanila. Chwipiwch y gymysgedd yn ddi-stop am ddeng munud, efo wisg drydan neu â llaw, wedyn gosodwch y bowlen o'r neilltu i oeri. Dyma'r cwstard.

- Mewn powlen arall chwipiwch yr hufen dwbl efo 2 lond llwy fwrdd o siwgr caster nes ei fod yn ffurfio pigau meddal. Ychwanegwch tua thraean o'r hufen i'r cwstard sydd wedi oeri a'i blygu i mewn, yna ychwanegwch weddill yr hufen a'i blygu i mewn nes ei fod yn llyfn a hufennog. Rhowch yr hufen iâ mewn bocs â chaead tyn arno, a'i rewi am o leiaf 6 awr.

- I wneud y saws mafon, mudferwch y mafon efo dwy lond llwy de o siwgr. Ar ôl gosod yr hufen iâ ar ben yr eirin gwlanog, arllwyswch y saws mafon dros yr hufen iâ tra bydd y saws dal yn gynnes. Pwdin perffaith.

Pwdin peips

Linda James

CYNHWYSION
- 150g macaroni
- 100g siwgr
- 500ml llaeth
- 200ml hufen dwbl
- 50g menyn
- nytmeg

DULL

❀ Rhowch y macaroni mewn sosban gyda dŵr berw a'i ferwi am tua 15 munud, gan roi tro iddo bob hyn a hyn i wahanu'r macaroni.

❀ Draeniwch y dŵr a rhoi'r macaroni mewn dysgl bobi. Ychwanegwch y siwgr, y llaeth a'r hufen dwbl a'i droi'n ofalus. Ychwanegwch y menyn mewn darnau bach a sgeintio tamed o nytmeg dros ei ben.

❀ Rhowch ar silff isel mewn ffwrn wedi'i gynhesu i 160°C (ffan) am ¾ awr, neu nes bod lliw ar y croen a'r cymysgedd wedi tewychu.

Mae hwn yn bwdin hawdd i'w wneud yn y crochan trydan *(slow cooker)* os oes ganddoch chi un.

Hufen iâ fy mhlentyndod

Meira Lloyd Owen

CYNHWYSION

- 600ml hufen dwbl
- ½ tun llaeth tew (*condensed milk*)
- 1 llwy de rhin fanila

DULL

- Chwipiwch yr hufen nes bydd yn drwchus.

- Ychwanegwch y fanila.

- Ychwanegwch y llaeth tew, a chymysgu'r cyfan am ychydig eiliadau.

- Blaswch y gymysgedd i sicrhau ei fod at eich tast, gan ychwanegu mwy o'r llefrith neu'r fanila fel y dymunwch.

- Rowch y gymysgedd yn y rhewgell dros nos i rewi.

Gallwch weini'r hufen iâ hefo saws taffi syml neu fafon ffres. Mwynhewch!

Jeli fflwff

Einir Roberts

Mae nifer o bobl wedi bod yn rhoi tro ar wneud y pwdin hwn ers iddo ymddangos ar y dudalen Curo'r Corona'n Coginio!

CYNHWYSION
- Paced o jeli blas mefus
- 150g llaeth anwedd *(evaporated milk)* neu hufen dwbl

DULL

❀ Toddwch y jeli mewn hanner peint o ddŵr berw a'i adael i oeri.

❀ Chwisgiwch y llaeth anwedd neu'r hufen dwbl nes y bydd wedi tewhau / tewychu. Yna'n araf, ychwanegwch y jeli iddo gan ddal i'w chwisgio.

❀ Rhowch y cyfan mewn dysgl yn yr oergell am ychydig oriau i galedu cyn ei addurno.

Paflofa

Anna Eifion

CYNHWYSION

- gwynnwy 4 wy ffres
  (ar dymheredd yr ystafell)
- 225g siwgr caster
- ½ llond caead y botel
  o finegr gwyn (½ llwy de)
- 1 llwy de lefel o flawd corn

Ar gyfer y llenwad hufen
- 600ml hufen dwbl
- 2 lwy fwrdd siwgr eisin
- ychydig ddiferion o rin fanila

DULL

❁ Gan wneud yn siŵr bod yr wyau ar dymheredd yr ystafell, chwipiwch y gwynnwy ar gyflymder uchel nes bod y wisg yn gadael ei ôl yn gadarn yn y gymysgedd.

❁ Ychwanegwch y siwgr fesul llwyaid yn ara deg. Mae hyn yn bwysig!

❁ Ychwanegwch y finegr gwyn a'r blawd corn, a chymysgu'r cyfan eto.

❁ Er mwyn coginio'r paflofa, cynheswch y popty i dymheredd o 150°C.

❁ Rhowch haen o bapur pobi ar dun pobi, a rhowch y gymysgedd ar y tun yn ofalus mewn siâp cylch taclus. Rhowch y paflofa yn y popty a throwch y gwres i lawr yn syth i 125°C.

❁ Pobwch am 1 awr.

❁ Trowch y popty i ffwrdd ar ddiwedd yr amser coginio gan adael y paflofa yn y popty am o leiaf 4 awr! (Dros nos yn ddelfrydol.) PEIDIWCH ag agor y drws.

❁ Llenwch eich paflofa gyda hufen *chantilly* (yr hufen dwbl wedi'i chwipio a'i gymysgu â'r siwgr eisin a'r fanila) a chymysgedd o'ch hoff ffrwythau ffres.

Tartenni ffrwyth di-glwten

Gwenno Lloyd Jones

CYNHWYSION

crwst

- 1 bloc menyn
- 1 llwy de Xanthan Gum
- 1 llwy de halen
- 100g siwgr eisin
- 460g blawd plaen *(di-glwten)*
- 1 wy
- 2 llwy de o ddŵr

crème pâtissière

- 100g siwgr caster
- 4 melynwy
- 40g blawd corn
- 500ml llaeth
- 40g menyn
- 1 coden / pod fanila

i addurno

- jam bricyll *(apricot)*
- ffrwythau amrywiol o'ch dewis

DULL Y CRWST

❀ Cymysgwch y cynhwysion i gyd gyda'i gilydd ar wahân i'r wy a'r dŵr nes y cewch gymysgedd sy'n debyg iawn i friwsion bara. Gallwch wneud hyn gyda'ch bysedd neu gyda phrosesydd bwyd.

❀ Nesaf, gwnewch bant yng nghanol y gymysgedd blawd a thywallt y dŵr a'r wy iddo. Ar ôl gwneud hyn, cymysgwch bob dim gyda'i gilydd gyda chyllell.

❀ Ffurfiwch y gymysgedd yn belen a'i roi yn yr oergell am 1-2 awr.

❀ Ar ôl i'r gymysgedd oeri, y cam nesaf yw ei rowlio allan a'i dorri i ffitio'ch tuniau tarten.

❀ Pobwch y casys crwst yn wag *(blind bake)* am 15 munud ar dymheredd o 180°C, yna tynnu'r ffa pobi allan ohonynt a'u rhoi yn ôl yn y popty am 8 munud ychwanegol neu nes mae'r crwst yn euraid.

DULL Y CRÈME PÂTISSIÈRE

❀ Cymysgwch y siwgr caster a'r 4 melynwy a'u rhoi o'r neilltu.

❀ Nesaf, cynheswch y llaeth nes mae'n berwi. Tywalltwch ¼ y llaeth i'r gymysgedd melynwy a siwgr, a'i chwisgio. Wedyn, ychwanegwch y llaeth sydd ar ôl a'i gynhesu yn araf nes y bydd wedi tewychu.

❀ Tynnwch y sosban oddi ar y gwres a gadael i'r *crème pâtissière* oeri. Rhowch gling-ffilm dros y gymysgedd i rwystro croen rhag ffurfio ar y top.

❀ Y cam olaf yw ychwanegu'r *crème pâtissière* i'r casys crwst ac addurno'r tartenni gyda ffrwythau o'ch dewis chi. Cynheswch chydig o jam bricyll a'i frwsio ar dop y ffrwythau i roi sglein neis arnynt, a gadael i hwnnw oeri cyn eu gweini.

Peidiwch â phlicio croen kiwi cyn ei fwyta – mae lot o faeth yn y croen.
Ben Roberts

Pwdin Nain Bryn Saith

Nan Williams

CYNHWYSION

- cacen *swiss roll* jam, wedi'i thorri'n ddarnau
- tun o eirin gwlanog *(peaches)*
- 1 peint o gwstard (megis Bird's Custard)
- 3 wy (y melynwy i'r cwstard a'r gwynnwy i'r meringue)
- 3 llwy fwrdd siwgr mân

DULL

❀ Gosodwch y darnau cacen ar waelod dysgl wydr (un y gallwch ei rhoi yn y popty), yna gosodwch yr eirin gwlanog ar ben y darnau, gan ychwanegu peth o sudd y ffrwyth dros y cyfan.

❀ Gwnewch beint o gwstard yn y ffordd arferol, ac yna ychwanegwch y tri melynwy iddo, gan ofalu eu bod yn coginio yn iawn. Gadewch y cwstard i oeri ychydig cyn ei arllwys dros y ffrwyth.

❀ I wneud y meringue, rhowch y tri gwynnwy mewn powlen berffaith lân a chwisgiwch nhw nes bo'r cyfan yn stiff. Ychwanegwch y siwgr fesul llwyaid, gan ofalu chwisgio'n dda nes bydd y meringue yn sgleiniog a stiff. Rhowch y meringue dros y pwdin gan ofalu bod pob darn wedi ei orchuddio, yna rhowch yn y popty nes bydd y meringue yn lliw euraidd.

Crymbl ffrwythau

Rhiain Vaughan Williams

Roedd gen i ffrwythau angen eu defnyddio felly mi wnes i eu taflu nhw i gyd i sosban i greu crymbl dipyn yn wahanol! Yn hytrach na gweini'r crymbl gyda hufen iâ neu hufen, defnyddiwch iogwrt naturiol di-fraster – blasus iawn a llai o euogrwydd! Mae'r iogwrt sydd yn y llun yn hyfryd ar ben ei hun hefyd efo chydig bach o fêl.

CYNHWYSION

- unrhyw ffrwythau *(mae eirin, afalau, riwbob ayyb – beth bynnag sy yn ei dymor – yn dda)*. Bydd tua 500g yn bwydo 4
- siwgr cras *(granulated)*
- 140g blawd
- 85g menyn
- llond llaw ceirch uwd
- mêl da Cymreig

DULL

- Rhowch y ffrwythau mewn sosban efo siwgr (bydd faint o siwgr yn dibynnu ar y ffrwyth a'ch chwaeth chi) a'u mudferwi nes maen nhw'n feddal.

- I wneud y crymbl, cymysgwch flawd, siwgr a menyn nes bydd y cyfan fel briwsion (digon i orchuddio'r ddysgl y byddwch yn ei defnyddio).

- Ychwanegwch geirch uwd i'r gymysgedd i greu gwead tipyn bach mwy 'rystig'.

- Rhowch y ffrwythau mewn dysgl a'u gorchuddio â'r gymysgedd crymbl. Pobwch mewn ffwrn (gwres cymedrol) nes bydd y top yn euraid.

- Ar ôl ei dynnu allan o'r ffwrn, sgeintiwch fêl drosto – bydd yn treiddio i lawr i'r ffrwythau i greu blas rili neis!

CACENNAU

Teisen 'Rwtch Ratch'

Cathy Jones

Roedd Mam yn coginio teisan Rwtch Ratch i ni pan oedden ni'n blant. Mi wnes i golli Mam ddwy flynedd yn ôl, a phan o'n i'n sbio drwy ei llyfr coginio mi welais y resipi. Wel, roedd yn rhaid rhoi go arni, yn doedd! Fedra i ddim coelio pa mor boblogaidd ydi'r deisan ar ôl i mi rannu'r rysáit. Fysa Mam wrth ei bodd. Gobeithio y gwnewch chi ei joio hi.

CYNHWYSION

- 8 owns ffrwythau cymysg
- 4 owns menyn
- 4 owns siwgr caster
- ½ cwpan o lefrith
- 1 wy
- 8 owns blawd codi

DULL

- Rhowch y 4 cynhwysyn cyntaf mewn sosban a dod â'r cyfan i'r berw, gan ei droi i'w gymysgu.

- Gadewch iddo oeri (mae hyn yn bwysig!).

- Ychwanegwch yr wy a'r blawd codi, a chymysgu.

- Rhowch y gymysgedd mewn tun yn y popty (gwres 150°C/140°C ffan) am awr.

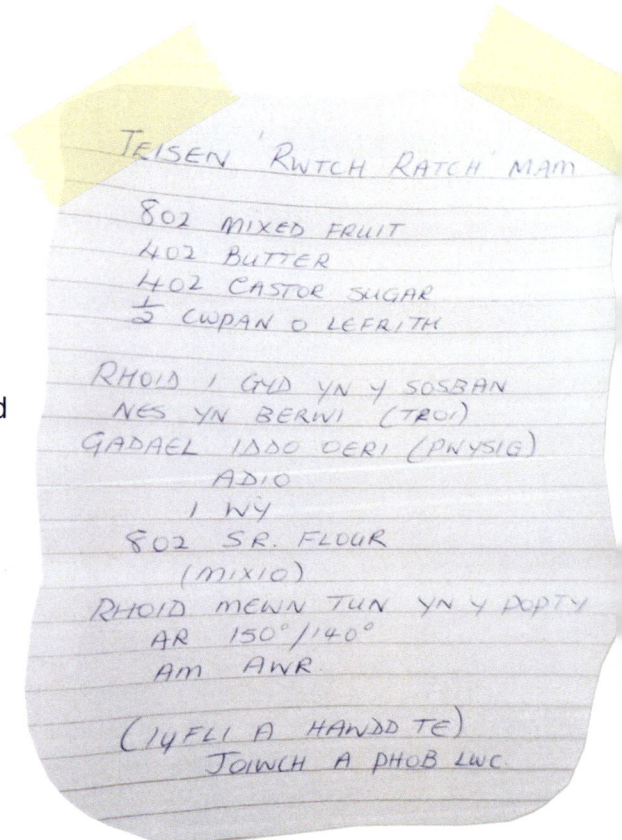

TEISEN 'RWTCH RATCH' MAM

8OZ MIXED FRUIT
4OZ BUTTER
4OZ CASTOR SUGAR
½ CWPAN O LEFRITH

RHOID I GYD YN Y SOSBAN
NES YN BERWI (TROI)
GADAEL IDDO OERI (PWYSIG)
     ADIO
     1 WY
8OZ S.R. FLOUR
   (MIXIO)
RHOID MEWN TUN YN Y POPTY
AR 150°/140°
AM AWR

(1YFLI A HAWDD TE)
   JOIWCH A PHOB LWC

Sleisys almon Mam

Ann Perkins

CYNHWYSION
- crwst brau *(shortcrust; gallwch brynu paced parod)*
- 5 owns ceirch uwd
- 5 owns margarin
- 5 owns siwgr
- 1 wy
- ½ – 1 llwy de o rin almon
- jam mafon

DULL

✿ Rholiwch y toes allan a'i osod i orchuddio gwaelod tun hirsgwar.

✿ Taenwch haen o jam dros y crwst.

✿ Cymysgwch y menyn a'r siwgr nes y bydd yn ysgafn, ychwanegu wy a'r rhin almon, cymysgu'r ceirch i'r gymysgedd a'i daenu dros y jam.

✿ Pobwch ar wres o 180°C am ryw 30 munud tan y bydd y top wedi troi'n frown ysgafn ac wedi caledu chydig. Cadwch lygad arno - mae pob popty'n wahanol!

Bisgedi Anti Elin Bryn Llwyn

Amanda Lloyd

CYNHWYSION

- 2 owns siwgr
- 4 owns margarîn
- 1 ½ llwy fwrdd surop
- 2 owns syltanas
- 1 llwy bwdin powdr coco
- 8 owns bisgedi *Rich Tea*, wedi eu malu'n ddarnau bach
- siocled

DULL

- ❀ Toddwch bob dim ond y siocled a'r bisgedi.

- ❀ Ychwanegwch y bisgedi i'r gymysgedd a chymysgu popeth.

- ❀ Tra bydd y siocled yn toddi, rhowch y gymysgedd mewn tin *traybake* a'i wthio i lawr i greu haenen fflat.

- ❀ Taenwch y siocled dros y cyfan a'i roi yn yr oergell i oeri.

Torth mafon a siocled gwyn

Non Morris Jones

CYNHWYSION

- 200g menyn
- 200g siwgr
- 200g blawd codi
- 4 wy
- 1 llwy de rhin fanila
- 100g mafon *(a mwy i addurno)*
- 50g darnau bach o siocled gwyn *(a llond llaw ychwanegol i'w doddi er mwyn addurno'r gacen)*

DULL

- Cynheswch y popty i 180°C/160°C ffan a leiniwch dun torth (2 pwys) gyda phapur pobi.

- Curwch y menyn a'r siwgr nes eu bod yn ysgafn.

- Rhowch y blawd (gan gadw 1 llwy de ohono ar ôl) yn y gymysgedd, gyda'r wyau a'r fanila. Curwch eto nes bydd popeth wedi cyfuno.

- Cymysgwch y llwy de o flawd sydd ar ôl i mewn i'r mafon a'r darnau siocled gwyn, ac ychwanegwch nhw i'r gymysgedd cacen. Byddwch yn ofalus i beidio torri'r mafon wrth wneud hyn.

- Tywalltwch y gymysgedd i mewn i'r tun a'i bobi am oddeutu 60-65 munud.

- Gadewch i'r gacen oeri ac ysgeintiwch y siocled gwyn wedi'i doddi a'r mafon ychwanegol ar ei phen.

Brownies siocled a banana

Non Morris Jones

CYNHWYSION

- 2 banana aeddfed
- 200g siwgr
- 130g menyn wedi'i doddi
- 1 llond llwy de fanila
- 95g blawd plaen
- 40g powdr coco
- pinsiaid o halen
- siocled wedi'i doddi, i addurno

DULL

- ✿ Cynheswch y popty i 180°C/160°C ffan.

- ✿ Leiniwch dun 9 modfedd sgwâr â phapur pobi.

- ✿ Mewn powlen, defnyddiwch fforc i stwnsio'r bananas.

- ✿ Ychwanegwch y siwgr, y menyn a fanila, a chymysgu nes bydd popeth wedi'i gyfuno.

- ✿ Ychwanegwch y blawd, y powdr coco a'r halen, a'i gymysgu unwaith eto.

- ✿ Tywalltwch y gymysgedd i'r tun a'i bobi am 25-30 munud.

- ✿ Gadewch i'r brownies oeri cyn diferu siocled wedi'i doddi ar y top a'u torri.

Cypcecs lemon meringue

Grisial Môn Pugh

CYNHWYSION
digon i wneud 12 cacen fach

- 6 owns margarîn
- 6 owns siwgr caster
- 3 wy
- 6 owns blawd codi
- 1 llwy de rhin lemon neu sudd hanner lemon
- Ceuled lemon *(lemon curd)*

Ar gyfer yr eisin meringue

- 2 gwynnwy
- 105g siwgr caster

DULL

- Curwch y margarîn a'r siwgr efo'i gilydd yn dda.

- Ychwanegwch yr wyau a churo'r gymysgedd eto.

- Ychwanegwch y blawd a'r rhin / sudd lemon, a chymysgu'r cyfan yn ofalus.

- Pobwch am 20-30 munud ar wres o 180°C/160°C ffan/nwy 4.

- Ar ôl iddyn nhw oeri, torrwch dwll bach yng nghanol pob un a rhoi tua hanner llond llwy de o geuled lemon ynddyn nhw.

- I wneud yr eisin meringue, chwisgiwch 2 wynnwy nes y byddan nhw'n ffurfio pigau meddal, gan ychwanegu'r siwr caster bob yn dipyn. Defnyddiwch fag peipio i'w roi ar y cacennau, a defnyddio *blowtorch* i'w brownio (neu eu rhoi dan y gril am ychydig funudau).

BISGEDI SINSIR

HANNER PWYS BLAWD CODI
UN OWNS O MARGARIN
PEDAIR OWNS O SIWGR
LLWY BWDIN COCOA
LLWY -DE SINSIR
TER PWYS TRIAGL MELYN
WY-DE BICARBONAD
WY-FWRDD DWR POETH
5 F   160 C

Bisgedi sinsir Elen Vaughan Jones

Ar ei ben blwydd yn 70 prynodd Mam a finnau deipiadur electronig i 'Nhad, a bu'n brysur yn teipio llawer o ryseitiau Mam. Dyma un ohonyn nhw. Bellach, dwi'n cael cysur mawr o lyfr lloffion Mam.

CYNHWYSION
- hanner pwys blawd codi
- 1 owns margarîn
- 4 owns siwgr
- 1 llwy bwdin powdr coco
- 2 lwy de sinsir
- ¼ pwys triog melyn / surop
- 1 llwy de beicarb
- 2 lwy fwrdd dŵr berwedig

DULL
- Cynheswch y popty i wres o 325°F/160°C.
- Rhwbiwch y margarîn i mewn i'r blawd.
- Ychwanegwch y cynhwysion sych a chymysgwch yn dda.
- Ychwanegwch y surop.
- Rhowch y beicarb yn y dŵr berwedig, a chymysgu'r cyfan efo'i gilydd.
- Ar ôl eu torri i siâp bisgedi, pobwch am 15 munud.

Bisgedi blodau gwyllt y gwanwyn

Marian Nixon, Seren, Sam a Gruff

Cyn gwneud y bisgedi fe aethom ati i gasglu blodau gwyllt o'r llwyni yn y gwanwyn, ond mae unrhyw flodau o'r ardd sy'n saff i'w bwyta yn gwneud yn iawn - blodyn yr haul, rhosyn, pansi ac ati.

CYNHWYSION

- 125g menyn
- 60g siwgr
- 1 melynwy
- 175g blawd plaen
- chydig o sudd a chroen lemon neu oren i greu blas
- casgliad o flodau sy'n saff i'w bwyta

DULL

✿ Chwisgiwch y menyn a'r siwgr mewn powlen nes bod y gymysgedd yn felyn golau ac yn ysgafn.

✿ Ychwanegwch y melynwy a'r lemon / oren a'i gymysgu eto.

✿ Rhidyllwch y blawd i mewn a dod â'r gymysgedd at ei gilydd gyda'ch dwylo, gan ei droi allan ar y bwrdd i dylino'r toes nes bydd yn belen.

✿ Gorchuddiwch y toes â chling-ffilm a'i osod yn yr oergell am hanner awr.

✿ Cynheswch y ffwrn i 150°C.

- Torrwch goesau'r blodau, eu golchi a'u gosod i sychu ar bapur cegin.

- Rholiwch y toes rhwng dau ddarn o bapur pobi wedi eu dystio'n ysgafn â blawd i drwch o tua 6mm.

- Pliciwch yr haen uchaf o bapur pobi oddi ar y toes, a marcio'r toes yn ysgafn â'ch torrwr i greu amlinell o siâp y bisgedi – peidiwch â thorri'r holl ffordd drwodd, gan mai canllaw yn unig ydi hwn ar gyfer lle i osod y blodau.

- Gosodwch y blodau'n ddeniadol ar y bisgedi, ac ailosodwch y papur pobi ar ben y toes. Rholiwch y cyfan yn ysgafn unwaith eto er mwyn gwthio'r blodau i wyneb y toes.

- Torrwch y bisgedi (yr holl ffordd drwy'r toes y tro hwn) a gosod y bisgedi ar dun pobi wedi ei leinio â phapur pobi, gan adael digon o le rhwng bob un. Pobwch am ryw 8-10 munud (yn dibynnu ar drwch y toes).

- Gadewch i'r bisgedi oeri am ychydig, a mwynhewch! Mae'r bisgedi hyn ar eu gorau o'u bwyta ar yr un diwrnod â'u pobi.

Mae digon o wybodaeth ar y we ynglŷn â pha flodau sy'n iawn i'w bwyta. Mae rhestr gynhwysfawr i'w chael ar wefan y Royal Horiculture Society: www.rhs.org.uk/advice

Crempog Americanaidd

Martha Cordiner

Dwi'n gweini'r crempogau hyn gydag iogwrt a cheirios duon, neu gyda banana, hufen a surop masarn (maple). *Y brunch perffaith!*

CYNHWYSION

- 350g blawd codi
- 2 llwy de powdr codi
- ¼ llwy de sinamon
- 2 llwy fwrdd siwgr caster
- 2 wy
- 150g llaeth enwyn *(buttermilk)* neu iogwrt
- 325ml llefrith

DULL

- Cymysgwch bopeth gyda'i gilydd, a choginio'r crempogau mewn padell ffrio.

Rhowch ffoil ar dop eich bananas - mi fyddan nhw'n aros yn felyn yn hirach!

Llinos Huws

Millionaire's Shortbread
Catrin Evans

CYNHWYSION

I wneud y fisged
- 200g menyn heb halen
- 100g siwgr caster
- 275g blawd plaen

I wneud y caramel
- 3 llwy fwrdd siwgr caster,
- 4 llwy fwrdd surop melyn *(golden syrup)*
- 200g menyn heb halen
- Tun 397g llaeth tew *(condensed milk)*

Ar gyfer y top siocled
- 200g siocled llaeth
- 100g siocled gwyn

DULL

- Paratowch y cynhwysion a leinio tun sgwâr 9 modfedd â phapur pobi.

- Cynheswch y ffwrn i 160°C.

- I wneud y fisged, cymysgwch y menyn a'r siwgr caster gyda'i gilydd. Wedi gwneud hyn, ychwanegwch y blawd plaen a chymysgu eto. Dylai'r gymysgedd fod yn weddol sych. Arllwyswch y gymysgedd i'r tun a'i bwyso i lawr, gan ei wasgu'n dda i gorneli'r tun. Coginiwch y fisged yn y ffwrn am 20-25 munud nes ei bod yn frown euraid.

- Ar ôl tynnu'r fisged o'r ffwrn mae'n bryd coginio'r caramel. Rhowch y menyn, y sigwr caster, y surop melyn a'r llaeth tew mewn sosban, a thoddi'r cyfan gyda'i gilydd ar dymheredd isel ar yr hob. Mae'n bwysig bod y siwgr i gyd wedi toddi (mae hyn yn cymryd oddeutu 7 munud).

- Pan fydd y cyfan wedi toddi codwch wres yr hob ychydig er mwyn i'r caramel ddechrau berwi. Wrth iddo ferwi, mae angen troi'r caramel yn aml. Wrth iddo ddechrau berwi a byblo fe wnewch chi sylwi ar yr hylif yn troi ei liw, yn debyg i liw caramel. Bydd y broses yma'n cymryd oddeutu 6-7 munud.

✿ Ar ôl i'r caramel droi ei liw a thewychu digon, arllwyswch yr hylif ar ben y fisged a'i osod yn yr oergell am awr i galedu.

✿ Y siocled nesaf! Toddwch y siocled llaeth a'r siocled gwyn (ar wahân), a thaenwch y siocled llefrith ar hyd y caramel er mwyn ei orchuddio. I orffen, arllwyswch y siocled gwyn mewn siâp rhubanau ar ben y siocled llaeth. Gyda fforc neu gyllell finiog, gwnewch batrymau troellog yn y siocled gwyn, a gadael i'r cyfan galedu yn yr oergell am o leiaf 2 awr.

✿ Wedi iddo galedu, torrwch y shortbread yn sgwariau bychain a mwynhewch!

Jaffa Cake fawr

Gwenno Erin Williams

CYNHWYSION

- paced jeli oren
- 4 owns siwgr
- 4 owns menyn
- 4 wy
- 4 owns blawd codi
- 1 llwy de rhin fanila
- 300g siocled

DULL

- Dilynwch gyfarwyddiadau'r paced i wneud y jeli. Rhowch haenen o gling-ffilm ar waelod tun cacen crwn ac arllwys y jeli mewn iddo, a'i adael i setio. Mae'n well gwneud hyn y noson cynt er mwyn iddo galedu'n iawn.

- I wneud y gacen, cynheswch y popty i 180°C a leinio tun cacen arall (gwnewch yn siŵr bod y tun hwn yn fwy na'r tun y gwnaethoch y jeli ynddo).

- Cymysgwch y menyn a'r siwgr gyda'i gilydd, ychwanegwch yr wy a chymysgwch y cyfan. Ychwanegwch y blawd codi a'r rhin fanila a chymysgu'n dda. Rhowch y gymysgedd yn y tun a'i goginio am oddeutu 20 munud.

- Gadewch i'r gacen oeri cyn rhoi'r jeli arni. Trowch y tun jeli ben i waered uwchben y gacen gan wneud yn siŵr nad yw'r cling-ffilm yn cael ei ddal rhwng y jeli a'r gacen, fel bod y jeli yn syrthio'n daclus ar ben y gacen.

- Toddwch y siocled dros sosban o ddŵr poeth. Gadewch i'r siocled oeri ychydig, gan ei droi â llwy bob hyn a hyn.

- Arllwyswch y siocled dros y jeli a'r gacen, a rhowch y cyfan yn yr oergell i oeri.

Sgons fanila
Llinos Dobson

CYNHWYSION
- 1 pwys blawd codi
- 1 llwy de powdr pobi
- 2 llwy fwrdd siwgr mân (caster)
- 6 owns menyn
- 1 wy
- 1 llwy de rhin fanila
- tua ½ peint llefrith

DULL
- Rhwbiwch y blawd, y powdr pobi, y siwgr a'r menyn gyda'i gilydd i greu briwsion.
- Ychwanegwch yr wy, y fanila a'r llefrith a chymysgu'r cyfan.
- Rholiwch y toes allan a thorri'r sgons allan ohono.
- Pobwch mewn popty poeth (180°-200°C) am 10-15 munud.
- Addurnwch â siwgr eisin wedi'i gymysgu â dŵr.

Byddai Mam yn brwsio cymysgedd o lefrith ac wy ar ben ei sgons, a'u gadael am tua 20 munud cyn eu rhoi yn y popty.

Nerys Ann Roberts

Sbwng coffi a chnau Ffrengig

Ann Morgan

CYNHWYSION

Ar gyfer y sbwng

- 200g margarîn meddal
- 200g siwgr *caster*
- 3 wy mawr
- 2 lwy bwdin coffi cryf *(powdr wedi ei doddi mewn 3 llond llwy bwdin o ddŵr berw a'i adael i oeri)*
- 200g blawd codi
- 100g cnau Ffrengig *(walnuts)*, wedi eu malu'n fân
- 2 dun sbwng 7 modfedd wedi'u hiro a'u leinio â phapur pobi

Ar gyfer yr eisin coffi

- 100g menyn wedi ei feddalu
- 200g siwgr eisin
- 2 lwy bwdin coffi cryf (powdr wedi'i doddi mewn 3 llwy bwdin o ddŵr berw a'i adael i oeri)
- 2-3 diferyn o rin fanila os dymunwch
- cnau ychwanegol i addurno

DULL

- ✿ Cynheswch y ffwrn i 170°C.
- ✿ Curwch y margarîn yn dda am ryw 2 funud cyn ychwanegu'r siwgr. Curwch yn dda am o leiaf 5 munud nes bod y gymysgedd yn ysgafn ac yn olau iawn.
- ✿ Curwch yr wyau i mewn ychydig ar y tro, ac yna ychwanegu'r coffi oer.
- ✿ Hidlwch y blawd i'r gymysgedd a'i blygu i mewn yn ysgafn, gyda'r cnau. Mae'n bwysig peidio curo'r gymysgedd neu bydd hyn yn deffro'r glwten yn y blawd a gwneud y sbwng yn drwm.
- ✿ Rhannwch y gymysgedd yn gyfartal rhwng y ddau dun.
- ✿ Pobwch am 25 munud.
- ✿ Gadewch i'r sbwng oeri cyn ei llenwi a'i haddurno â'r eisin coffi a chnau.

✿ I wneud yr eisin, cymysgwch y cynhwysion yn dda iawn am o leia 5 munud i greu eisin ysgafn.

✿ Fe fydda i'n ychwanegu cnau Ffrengig wedi eu malu'n weddol fân i'r llenwad a defnyddio cnau wedi eu haneru i addurno'r top.

Torte siocled Eirian Hughes

Dwi wedi cael yr OK's gan ferched y pentre yma yn Playa San Juan, Tenerife, cyn gyrru'r rysáit hon i'r grŵp! Felly dyma chi, gyfeillion ... Defnyddiais ffrwythau o'r goedwig wedi eu tewychu gyda blawd corn i'w haddurno, a chydig o hufen ia fanila. Fe wnaiff hon fwydo tua 14 o bobl gan ei bod yn reit gyfoethog.

CYNHWYSION

- 2 gwpan blawd plaen
- 1 gwpan siwgr
- 1 gwpan powdr coco
- 2 lwy de bicarb
- 1 llwy de powdr pobi *(baking powder)*
- ½ llwy de halen
- 1 llwy de sinamon
- 1 twb bach mefus
- 1 afocado *(wedi'i blendio gyda ½ cwpan o ddŵr a ½ cwpan o laeth)*
- 2 wy mawr
- 1 llwy de rhin fanila
- 1 gwpan coffi cryf

DULL

- ✿ Cynheswch y popty i 180°C/350°F/nwy 4, ac irwch dun crwn 9 modfedd.

- ✿ Rhidyllwch y blawd ac ychwanegu'r siwgr, y coco, y bicarb, y powdr pobi, yr halen a'r sinamon. Cymysgwch yn dda.

- ✿ Ychwanegwch y mefus, y gymysgedd afocado, yr wyau a'r fanila a chwisgiwch y cyfan yn dda nes bydd y gymysgedd yn llyfn.

- ✿ Ychwanegwch y coffi a'i chwisgio eto yn araf nes y bydd ganddoch chi gymysgedd reit wlyb.

- ✿ Rhowch y cyfan yn y tun a'i goginio am 40 munud. Byddwch yn gwybod fod y gacen yn barod pan fydd sgiwer yn dod allan ohoni'n lân.

✿ Gadewch y gacen yn y tun i oeri am tua 20 munud, wedyn trowch hi'n ofalus allan ar rac weiren.

✿ Mwynhewch!

Cacen friwsion Llinos Dobson

Casáu gwastraffu? Cacen sbynj heb droi allan yn iawn? Peidiwch â phoeni!! Mae modd briwsioni'r gacen a'i chymysgu â chydig o *buttercream*. Toddwch siocled a'i daenu ar waelod tun sgwâr neu hirsgwar, ei adael i galedu a thaenu'r gymysgedd sbynj ar ei ben. Rhowch haenen arall o siocled eto ar ben y cyfan. Mae'n blasu fel *cake pops* ond yn llawer haws i'w gwneud!

Cyrn hufen

Meinir Griffiths Davies

Bydd angen mowldiau arbennig arnoch i wneud y rhain - rhai metel siâp côn. Maent ar gael i'w prynu o siopau offer cegin. Mae'r rysáit hon yn gwneud 9 corn hufen.

CYNHWYSION

Ar gyfer y crwst
- 200g blawd plaen cryf
- 150g lard a margarîn wedi'u cymysgu
- pinsiaid o halen
- dŵr oer i gymysgu
- wy wedi'i guro i frwsio

Ar gyfer y llenwad
- jam mafon
- hufen dwbl

DULL

❀ Cyfunwch gynhwysion y crwst nes y bydd gennych belen o does. Rhowch hwn yn yr oergell am 20 munud.

❀ Cynheswch y popty i 220°C/425°F/nwy 7.

❀ Irwch y mowldiau corn, a rholio'r crwst yn siâp petryal.

❀ Torrwch y crwst yn 9 stribed hir (rwy'n defnyddio pren mesur i wneud hyn).

❀ Brwsiwch wy wedi'i guro dros un ochr i'r stribedi crwst a'u lapio rownd y mowldiau corn, gan wneud yn siŵr bod chydig o'r crwst yn gorgyffwrdd *(overlap)*.

❀ Brwsiwch wy ar du allan y cyrn crwst (a sgeintio chydig o siwgr drostynt, os dymunwch), a'u gosod ar dun pobi wedi'i iro.

❀ Pobwch am 15-20 munud, nes y bydd y crwst yn frown euraid.

❀ Gadewch iddyn nhw oeri rywfaint cyn eu tynnu oddi ar y mowldiau corn a'u llenwi gyda jam a hufen wedi'i chwipio.

Pice bach Hazel Thomas

Roedd Dwynwen Hedd, fy merch, allan yn y Swistir yn ystod y clo ac yn methu dod adre, felly bu'n coginio pice bach!

CYNHWYSION
- 225g / 8 owns blawd codi
- 110g / 4 owns menyn Cymreig
- 50g / 2 owns siwgr caster
- 75g / 3 owns resins neu gyrens
- pinsiaid o sinamon
- pinsiaid o nytmeg wedi'i gratio
- 2 lwy de / 10ml crème fraiche
- 1 wy

DULL

- Hidlwch y blawd i bowlen a rhwbiwch y menyn iddo i ffurfio briwsion mân.

- Ychwanegwch y siwgr a'r resins (rwy'n torri'r resins yn gyntaf i'w gwneud yn llai o faint), yna'r sinamon a'r nytmeg, a dwy lwy de o crème fraiche.

- Torrwch yr wy i mewn i gwpan a'i chwisgio'n ysgafn cyn ei ychwanegu i'r gymysgedd.

- Gweithiwch y gymysgedd nes y byddwch wedi ffurfio toes cadarn.

- Rhowch y toes ar haenen o flawd ar y bwrdd a'i rowlio allan nes y bydd tua ¼ modfedd o drwch. Os ydych yn ei rowlio'n rhy denau gall y pice bach sychu wrth goginio, a byddant yn cymryd amser hirach i goginio os ydyn nhw'n rhy drwchus.

- Torrwch eich pice bach gan ddefnyddio torrwr o'ch dewis chi. (Mae torrwr 1 modfedd yn gwneud dau ddwsin o bice bach o'r gymysgedd hon).

- Cynheswch y radell (neu badell ffrio *non-stick* â gwaelod trwm) i dymheredd cymedrol a dechreuwch goginio'r pice bach yn araf, gan eu troi dim ond pan mae'r arwyneb yn gadarn ac yn frown. Bydd yn rhaid i chi goginio ychydig ohonynt ar y tro.

- Pan fyddan nhw wedi coginio, dylai'r pice bach fod yn gadarn i'w cyffwrdd ond ychydig yn feddal yn y canol.

- Sgeintiwch haenen ysgafn o siwgr caster dros y pice unwaith y byddwch wedi eu tynnu oddi ar y gwres.

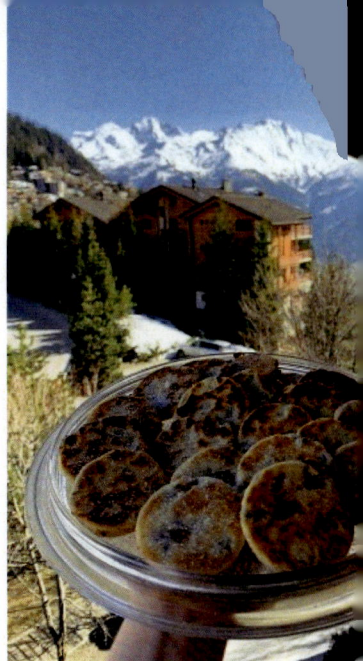

Sgwariau mafon a chnau coco

Helen Evans

Gallwch ddefnyddio unrhyw ffrwyth i wneud y sgwariau hyn.

CYNHWYSION

- 130g menyn wedi ei giwbio *(mae'n haws ei ddefnyddio'n syth o'r oergell)*
- 200g blawd plaen
- 60g siwgr caster
- 50g uwd *(porridge oats)*
- 40g darnau cnau coco *(dessicated)*
- 250g mafon
- pinsiaid o halen

DULL

- Cynheswch y popty i wres o 170°C.
- Irwch dun sgwâr 22cm a'i leinio.
- Mewn powlen, cymysgwch y blawd, y siwgr caster, yr uwd, y cnau coco a'r halen.
- Ychwanegwch y ciwbiau menyn i'r cynhwysion gan rwbio i wneud rhywbeth tebyg i friwsion bara.
- Rhowch hanner y briwsion ar waelod y tun, gan ei bwyso i lawr yn ysgafn gyda'ch llaw neu gefn llwy bren.
- Rhowch y mafon ar ben y briwsion yn ofalus.
- Gwasgarwch weddill y briwsion ar ben y mafon.
- Coginiwch am hanner awr.
- Gadewch i'r gacen oeri'n llwyr cyn ei thorri'n sgwariau.

Fflapjacs

Nerys Ann Roberts

CYNHWYSION

- 460g ceirch
- 230g menyn
- 230g siwgr brown
- 4 llwy fwrdd gorlawn o surop

DULL

- Irwch dun tua 30cm x 20cm.

- Rhowch y menyn, y siwgr brown a'r surop mewn sosban.

- Toddwch y gymysgedd yn raddol ar wres isel.

- Pwyswch yr uwd a'i ychwanegu at y gymysgedd sydd yn y sosban.

- Cymysgwch yn dda cyn ei dywallt i'r tun.

- Defnyddiwch stwnsiwr tatws i gael wyneb esmwyth i'r fflapjacs!

- Pobwch am tua 10 munud ar wres isel.

- Mae'r fflapjacs yn setio wrth oeri. Byddaf yn defnyddio twca (cyllell finiog) i dorri'r fflapjacs yn 24 darn cyn iddynt galedu yn y tun.

Gallwch ychwanegu ffrwythau sych, hadau, cnau ac ati i'r fflapjacs os hoffwch chi.

Cacen gaws Galaxy Caramel a Nutella

Tesni Buddug

Mae'n well gwneud hon y diwrnod cyn y byddwch eisiau ei gweini er mwyn iddi galedu'n iawn.

CYNHWYSION

ar gyfer y gwaelod
- 300g bisgedi digestive
- 150g menyn wedi'i doddi
- 3 bar 135g Galaxy Caramel

ar gyfer y llenwad
- 500g caws meddal ysgafn Philadelphia
- 100g siwgr brown meddal
- 1 llwy de rhin fanila
- 3 llwy de gelatin wedi'i doddi mewn 60ml o ddŵr berwedig
- 150g Carnation Caramel
- 250ml hufen dwbl
- 150g sglodion siocled

i addurno
- 100g Nutella
- 1 bar 135g Galaxy Caramel

DULL

- I wneud y gwaelod, torrwch y bisgedi digestive mewn peiriant cymysgu, neu eu rhoi mewn bag plastig a defnyddio rholbren i daro'r bag nes bod y bisgedi'n fân iawn.

- Toddwch y menyn, a'i gymysgu gyda'r bisgedi mewn powlen.

- Irwch dun sy'n addas ar gyfer cacen gaws. Rhowch y gymysgedd fisged yn y tun a'i lefelu, ond peidiwch â phwyso'n rhy galed arno.

- Torrwch y 3 bar o siocled Galaxy fel bod gennych chi 3 darn bach yn dal yn sownd yn ei gilydd (fel yn y llun). Rhowch y darnau Galaxy i sefyll rownd ochr y tun ar ben y bisgedi, gan sicrhau bod yr ochr neis yn wynebu at allan. Byddwch yn ofalus wrth osod y rhain nad ydi'r siocled yn torri.

- Ar ôl gosod y siocled, gwasgwch y bisgedi i lawr yn wastad.

- I wneud y llenwad, cymysgwch y caws a'r siwgr brown gyda chwisg neu â llaw.

- Ychwanegwch y fanila a'r gelatin, a churo eto cyn ychwanegu'r Carnation Caramel.

- Mewn powlen arall, cymysgwch yr hufen dwbl nes ei fod yn drwchus (rhowch chydig o'r hufen dwbl ar lwy a'i throi â'i phen i lawr – os ydi'r hufen yn aros ar y llwy, mae'n ddigon trwchus!).

- Ychwanegwch yr hufen dwbl i'r gymysgedd flaenorol, yna ychwanegwch y sglodion siocled a chymysgu'r cyfan gyda llwy fawr.

- Gwagiwch y gymysgedd yn ofalus i mewn i'r tun cacen ar ben y bisgedi. Heb ei godi oddi ar y bwrdd, mae angen ysgwyd y tun o ochr i ochr i lefelu'r gymysgedd ac i gael gwared ar unrhyw swigod.

- Ar ôl i'r gacen gaws galedu chydig, gallwch ei haddurno. Toddwch y Nutella yn y micro-don am 30 eiliad ar y tro nes bydd wedi toddi (sicrhewch eich bod yn ei dynnu allan a rhoi tro iddo yn aml). Gallwch roi dŵr neu fymryn o lefrith ar ben y Nutella i'w deneuo os bydd angen.

- Rhowch y Nutella wedi'i doddi mewn jwg bach, a'i arllwys yn araf dros y gacen gaws mewn cylch drwy gychwyn ar yr ochr allan a dal i fynd rownd nes i chi gyrraedd y canol. Rhowch ddarnau o Galaxy Caramel bob hyn a hyn rownd ochr y gacen.

- I orffen, gwnewch linellau â sgiwer o du allan y gacen i gyfeiriad y canol, reit rownd y gacen, er mwyn tynnu drwy'r Nutella i greu patrwm.

- Rhowch y gacen gaws yn yr oergell i setio dros nos.

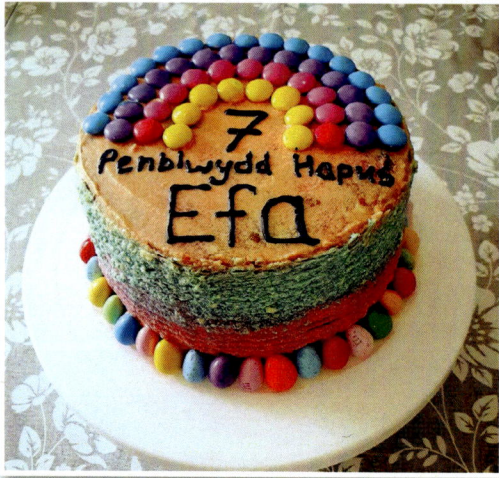

✿ Manon Celyn Roberts ✿

✿ Elin Williams ✿

✿ Ellena Thomas Jones ✿

✿ Ffion Lloyd Thomas ✿

DATHLU

✿ Gwenan Dwyfor Roberts ✿

✿ Catrin Jones ✿

✿ Nina Evans Williams ✿

✿ Iola Lewis ✿

✿ Cadi Dafydd ✿

✿ Llinos Foulkes ✿

✿ Yvonne Williams ✿

✿ Lowri Jones ✿

DATHLU

❀ Elinor Davies ❀

❀ Annette Raymond ❀

❀ Llinos Haf Owen-Jones ❀

❀ Alma Evans ❀

YCHYDIG O BOPETH

Bara Seithenyn

Lleucu Myrddin

CYNHWYSION

- 400g blawd gwyn cryf
- 300ml cwrw melyn Cymreig
  (*mi wnes i ddefnyddio* Seithenyn,
  o fragdy Cwrw Llŷn)
- 2 lwy fwrdd olew olewydd
- 1 llwy fwrdd siwgr
- 1 pecyn 7g / llond llwy de helaeth o furum sych

DULL

❂ Gan ei bod yn well defnyddio blawd sy ddim yn rhy oer, mae'n syniad da ei roi mewn popty ar wres isel am ryw 10 munud cyn dechrau gwneud y dorth.

❂ Cynheswch y cwrw i wres y corff (fel ei fod yn gynnes pan rowch eich bys ynddo, ond nid yn rhy boeth). Ychwanegwch yr olew, y siwgr a'r burum i'r cwrw a'i adael mewn lle cynnes am 10 munud.

❂ Tywalltwch yr hylif cwrw / olew / siwgr / burum ar ben y blawd – ychydig ar y tro – a'i gymysgu'n dda. Cymysgwch y cyfan nes bod y toes yn llyfn ac yn codi oddi ar waelod y bowlen yn lân.

Tylino

❂ Sgeintiwch flawd dros wyneb y bwrdd, a rhowch y toes arno. I'w dylino, gafaelwch ynddo â'ch dau ddwrn a'i dynnu oddi wrth ei gilydd – un dwrn yn tynnu draw ac un dwrn yn tynnu atoch. Cydiwch yn nwy gornel uchaf y toes, eu codi a'u plygu a'u pwnio i ganol y toes. Gwnewch yr un peth gyda'r ddwy gornel isaf. Ailadroddwch hynny – corneli uchaf, corneli isaf, eto ac eto. Trowch y toes drosodd ac ailddechrau'r broses. Yn fuan iawn, byddwch yn teimlo rhythm y tylino yn eich cario – daliwch ati am ryw 5 munud. Yr esboniad gwyddonol am y broses hon yw bod yr hylif yn cyfarfod y glwten yn y blawd ac yn ei ddeffro. Bydd y toes yn ystwytho ac yn ymdebygu i lastig, ac ar ôl gorffen tylino, bydd yn grwn ac ysgafn, a'i wyneb yn llyfn iawn.

Rhoi'r burum i weithio

❁ Rhowch y belen o does yn ôl yn y bowlen, ei gorchuddio gyda lliain sychu llestri neu gling-ffilm a'i adael am o leiaf awr mewn man cynnes – mae ger y popty yn lle delfrydol. Os bydd y burum wedi gweithio'n iawn, bydd y toes wedi chwyddo i ddwywaith ei faint ar ddiwedd y cyfnod hwn.

❁ Curwch yr aer o'r toes gyda'ch dwrn, ei godi o'r bowlen a'i dylino am ychydig eto.

❁ Gallwch grasu'r dorth mewn tun wedi'i iro'n dda gyda menyn neu ar ddarn o bapur gwrth-saim ar silff y popty. Yr ail ddull dwi'n ei dewis. Rhowch y toes ar y papur, neu yn y tun, i sefyll mewn lle cynnes am o leiaf hanner awr arall.

Crasu

❁ Codwch wres y popty i 180–200º C (popty ffan)/nwy 5-6 a chrasu'r dorth am tua 25 munud (bydd angen 5–10 munud ychwanegol mewn popty heb ffan).

❁ Bum munud cyn tynnu'r dorth o'r popty, trowch hi ar ei phen i'w chrasu am weddill yr amser. Tynnwch y dorth o'r popty, ei dal ar gledr un llaw a'i churo oddi tani gyda dwrn y llaw arall. Os oes sŵn gwag, dyna 'gnoc y dorth' a bydd y dorth yn barod. Rhowch hi'n ôl yn y popty am ychydig funudau eto os na chewch chi sŵn gwag.

❁ Gosodwch y dorth i oeri ar resel weiren er mwyn cadw'r crystyn yn gras.

❁ Mae'n hyfryd gyda menyn Llŷn a chaws Llŷn ... a mwy o Gwrw Llŷn!

Mae tylino bara yn dda
i glirio'r meddwl,
cael gwared â rhwystredigaethau
ac ymarfer yr ysgwyddau!

Bara spelt a hadau cymysg Siân Williams

CYNHWYSION

- 250g blawd brown spelt
- 225g blawd bara gwyn cryf
- 1 llwy de halen
- 1 llwy fwrdd siwgr brown meddal
- 50g hadau cymysg e.e. hadau blodyn haul, pwmpen, pabi, llin *(flaxseeds)*
- 2 ½ llwy de burum sych cyflym *(fast action)*
- 2 lwy fwrdd olew olewydd golau
- 300ml dŵr cynnes
- Mymryn o lefrith (i roi sglein ar wyneb y dorth)

DULL

❀ Cymysgwch y cynhwysion sych mewn powlen fawr.

❀ Ychwanegwch yr olew ac yna, fesul tipyn, y dŵr – tua 50ml ar y tro – a'i gymysgu.

❀ Unwaith y byddwch wedi ychwanegu tua 200ml o ddŵr, defnyddiwch eich dwylo i wasgu'r toes at ei gilydd a thylinwch ef am ychydig yn y bowlen. Mae'n debyg y bydd y gymysgedd ychydig yn sych, felly ychwanegwch ychydig o ddŵr eto nes bod y cyfan yn ffurfio toes llyfn, ond nid gludiog. Os ydi o'n rhy ludiog, mae'n hawdd ychwanegu ychydig o flawd nes ei fod yn teimlo'n llyfn yn eich dwylo.

❀ Tylinwch y toes am ryw 5 munud yn y bowlen cyn ei drosglwyddo i bowlen lân, rhoi cling-ffilm dros y bowlen a'i adael mewn lle cynnes am oddeutu awr, neu nes y bydd wedi dyblu mewn maint.

❀ Tynnwch y toes allan o'r bowlen a'i dylino eto, ar fwrdd gwastad y tro yma. Eto, os ydi o'n ludiog mae'n bosib ychwanegu ychydig bach o flawd fel nad ydi o'n sticio i'r bwrdd! Tylinwch eto am 5-10 munud nes ei fod yn hollol lyfn ac ystwyth (elastig).

❀ Rŵan mae'r hwyl go iawn – siapio'r dorth! Mae'r maint yma o does yn ddigon i wneud rhyw 8 o roliau neu ddwy dorth fechan, a does dim angen tun bara arnoch chi. Y peth symlaf i'w wneud ydi ei siapio efo'r dwylo i wneud dwy dorth hirgrwn a'u rhoi ar dun pobi gydag ychydig o olew o dan y torthau rhag iddyn nhw ludo i'r tun.

✿ Fy hoff siâp i ar gyfer y dorth ydi plethen 5 darn. I wneud hyn, mae angen pwyso'r toes a'i rannu yn 5 darn cytbwys, wedyn rholio'r 5 darn yn fysedd hir. Rhowch y 5 darn ar y bwrdd a gwasgwch nhw at ei gilydd yn un pen, gan wneud yn siŵr nad ydynt yn cyffwrdd fel arall. Mae'n haws clymu'r darn pellaf oddi wrthych fel bod y 'bysedd' yn ymestyn tuag atoch. Gafaelwch yn y darn ar y dde a'i wehyddu dros yr un nesa ato fo, o dan yr un nesa a dros yr olaf nes bod y darn yma rŵan ar y chwith. Daliwch i fynd wedyn gan ddefnyddio'r un dull – gafael yn y darn ar y dde, wedyn drosodd, oddi tano, drosodd ac yn y blaen nes eich bod wedi cyrraedd y pen. Gwasgwch y darnau yn y pen isaf at ei gilydd, a dyna ni: torth blethen! Rhowch y dorth ar dun pobi wedi ei iro ag olew fel o'r blaen, a rhowch gling-ffilm drosto.

✿ Rhowch y bara yn ôl mewn lle cynnes am hanner awr.

✿ Brwsiwch y bara ag ychydig o lefrith a'i bobi ar wres o 200°C am tua 25 munud.

✿ Tynnwch y dorth o'r popty a chnociwch y gwaelod. Os oes sŵn gwag, mae'r bara yn barod.

Bara soda caws

Jane Garnett

Dwi'n caru'r bara hwn – mae o'n flasus iawn ac yn hawdd i'w wneud. Gallwch ychwanegu perlysiau os dymunwch, neu nionod.

CYNHWYSION

- 400g blawd plaen
- 1 llwy de bicarb
- 1 llwy de halen y môr
- ½ llwy de pupur du wedi'i falu'n fras
- 75g caws *Cheddar* aeddfed
- 75g caws *Red Leicester*
- 300ml llefrith sgim
- sudd 1 lemon
- ½ llwy de mêl
- 1 llwy de llefrith i sgleinio'r dorth *(os dymunwch)*

DULL

- Cynheswch y popty i 180°C.

- Rhowch y sudd lemon yn y llefrith a'i roi o'r neilltu (mae'n troi yn llaeth enwyn) a chymysgwch y mêl i mewn iddo.

- Rhowch y cynhwysion sych mewn powlen ac ychwanegu'r gymysgedd llefrith.

- Cymysgwch bopeth â'i gilydd gyda chyllell nes y bydd yn edrych fel toes gludiog, yna sgeintiwch flawd dros y bwrdd a rhoi'r toes arno.

- Siapiwch y toes yn dorth gron, a rhoi croes ddofn yn y top gyda chyllell (a brwsio llefrith ar y top os dymunwch).

- Pobwch y dorth am tua 35 munud a'i gadael i oeri ar resel weiren cyn ei bwyta.

Menyn Garlleg Gwyllt

Elain Elis

Mae hwn yn flasus iawn ar datws newydd, gyda madarch, gyda phasta ac i wneud bara garlleg.

CYNHWYSION
- 250g menyn heb ei halltu
- 1 llwy de Halen Môn
- 70g dail garlleg gwyllt

DULL
- Golchwch a sychwch y dail garlleg gwyllt, a'u torri'n fân.
- Stwnsiwch y menyn mewn powlen gyda'r halen.
- Ychwanegwch y garlleg gwyllt i'r menyn a'i gymysgu'n dda.
- Blaswch, ac ychwanegwch fwy o halen os oes angen.
- Rhowch y gymysgedd ar bapur gwrth-saim a'i lapio'n barsel tyn.
- Gallwch gadw'r menyn yn yr oergell neu gallwch ei rewi.

Bisgedi caws Nain

Elen Vaughan Jones

Mae'r rysáit hon yn dod o lyfr lloffion Nain o gyfnod y Rhyfel (1939-45). Roedd Nain yn dysgu coginio i wragedd ifanc dan gyfarwyddyd Myfanwy Howell bryd hynny, ac mae'r ryseitiau ynddo yn ddiddorol a dweud y lleiaf. Mae'r bisgedi hyn yn hawdd iawn i'w gwneud ac yn ffefryn mawr yn ein tŷ ni – ac yn berffaith efo paned neu lasied o win coch.

CYNHWYSION
- crwst pwff
- caws
- wy wedi'i guro

DULL

❀ Gwnewch grwst pwff eich hun, neu ddefnyddio paced. Mae crwst brau *(shortcrust)* yn iawn hefyd.

❀ Gratiwch gaws i gymysgedd sych y crwst cyn i chi ddod â'r cyfan at ei gilydd (os ydach chi'n gwneud y crwst eich hun), neu ei gratio ar ben y crwst paced a'i gymysgu / rowlio i mewn i'r toes.

❀ Rowliwch y toes allan i drwch darn punt, a thorri cylchoedd ohono.

❀ Brwsiwch yr wy ar ben y bisgedi a'u pobi mewn popty reit boeth nes y byddant wedi codi a throi'n lliw euraid.

Bara Sawrus Llŷn

Llinos Dobson

Mae hon yn ffordd dda o ddefnyddio baguette sy ar fin mynd yn galed.

CYNHWYSION
- darn o fara *baguette*
- nionyn
- madarch
- pupur *(unrhyw liw)*
- caws Llŷn
- meionês

DULL

❁ Tynnwch ganol y *baguette* allan a'i friwsioni.

❁ Torrwch y llysiau'n fân a'u ffrio.

❁ Cymysgwch y briwsion a'r llysiau, ychwanegu chydig o gaws Llŷn wedi'i gratio a rhyw 2 lwy fwrdd o feionês.

❁ Llwythwch y cyfan yn ôl i grwst y *baguette* ac ychwanegu mwy o gaws ar ei ben.

❁ Pobwch ar wres o 160°C am tua 20 munud! Syml a blasus.

Catwad (*chutney*) betys Gwen Williams

CYNHWYSION

- 3 pwys betys wedi'u coginio a'u malu'n fân
- 1 pwys nionod wedi eu torri'n fân
- 1 pwys afal cwcio wedi'u torri'n fân
- 1 pwys siwgr brown neu wyn
- 2 lwy de halen
- 1 peint finegr brown neu wyn gyda sbeisys ynddo

DULL

✿ Rhowch y nionyn, yr afal, y siwgr a'r halen mewn sosban gyda'r finegr, a'i fudferwi nes y bydd popeth yn feddal.

✿ Ychwanegwch y betys i'r sosban a'i fudferwi am 45 munud eto, cyn ei roi mewn potiau.

I ddiheintio potiau gwydr ar gyfer jam neu gatwad, golchwch nhw'n lân a'u rinsio mewn dŵr poeth a'u rhoi ar dun pobi mawr. Rhowch y caeadau i sefyll rhwng y potiau, a rhowch y cyfan mewn popty isel (tua 100°C) am ryw bum munud.

Llysiau wedi eu piclo

Lyn Guy

Mae hon yn ffordd dda o gadw'r llysiau yn yr ardd pan fyddant yn eu tymor – bu i'r rysáit hon gael llwyddiant yn y Ffair Aeaf!

CYNHWYSION

- Llysiau o'ch dewis wedi eu golchi
  e.e. moron / ffa / corbwmpen / blodfresych
- 1 llond cwpan finegr gwyn
- 1 llond cwpan dŵr
- 1 llwy fwrdd siwgr
- 1 llwy fwrdd halen
- 1 llwy de perlysiau sych o'ch dewis

DULL

- Gosodwch y llysiau yn ddeniadol mewn dwy jar peint.

- Berwch weddill y cynhwysion i hydoddi'r siwgr a'r halen, a thywallt yr hylif dros y llysiau.

- Pan fyddant wedi oeri, tarwch y jariau er mwyn cael gwared ar y swigod, a rhoi'r caeadau arnynt yn dynn. Byddant yn cadw yn yr oergell am ddau fis.

I wneud **wy wedi'i botsio** hawdd *(heb ddim llanast)* dilynwch y camau yma:

- Iro darn o gling-ffilm.

- Taenwch y cling-ffilm dros bowlen fach a'i wthio i lawr i leinio'r bowlen, ac arllwys yr wy i mewn iddo.

- Troi pennau'r cling-ffilm i gau'r pecyn yn dynn.

- Ei ollwng i sosbenaid o ddŵr berw a'i adael yno am 3 munud (efallai y bydd angen mwy o amser ar wy mawr – gallwch weld pan fydd yr wy wedi'i goginio).

- Torri pen y pecyn â siswrn a rhoi'r wy ar blât yn ofalus.

Aloma Wheway

Pic

Moron a Ffa-Ffrê

Winter Fair

Ffair Aeaf

Rhif Arddangoswr
Exhibitor No.

Rhif Dosbarth
Class No.

CAFC

Jam Cyrens Duon

Ann Howells

CYNHWYSION
- 2 bwys cyrens duon
- 2 bwys siwgr

DULL

✿ Berwch y cyrens a'r siwgr gan droi'r gymysgedd yn gyson, nes ei fod yn setio'n dda ar soser oer.

✿ Hidlwch y jam drwy fwslin a'i dywallt i botiau glân, twym.

Briwfwyd Port a Llugaeron

Jayne Hughes

Mae'n well defnyddio hwn o fewn 4 wythnos i'w wneud

CYNHWYSION

- 80ml Port
- 100g siwgr brown meddal
- 1 lemwn *(y croen wedi'i gratio a'r sudd)*
- 300g llugaeron *(cranberries)* sych
- 50g cwrens
- 50g syltanas
- 1 llwy de sinamon
- 1 llwy de sinsir
- 75g menyn heb halen
- 1 afal coginio wedi'i gratio

DULL

❁ Rhowch y cynhwysion i gyd mewn sosban.

❁ Mudferwch dros wres isel am 15 munud nes bod y ffrwyth wedi torri i lawr ac wedi amsugno'r hylif.

❁ Trosglwyddwch y gymysgedd i jariau wedi'u sterileiddio.

Coctel Cwarantini

Emily Clark

Mi wnes i ddyfeisio'r coctel yma yn ystod y cyfnod clo gan ddefnyddio'r hyn oedd yn weddill yn y cwpwrdd diod ar ôl y Dolig! Does dim mesuriadau pendant – defnyddiwch eich dychymyg!

CYNHWYSION

- dogn mawr o sudd pinafal
- ychydig o'r canlynol: *Cointreau*, surop ffrwythau, *Benedictine (neu beth bynnag sy yn y cwpwrdd)*
- joch mawr o jin *(peidiwch â bod yn swil!)*
- tropyn o coulis mafon *(os hoffech chi)*

DULL

❄ Rhowch y cynhwysion gyda lot o rew mewn cymysgwr coctels, a'i ysgwyd yn dda iawn. *Voilà!*

Jin blodau ysgaw

Wenna Jones Parry

Mae'n syniad casglu'r blodau yn y bore pan maen nhw ar eu gorau – mae'r arogl hyfryd yn dirywio at y pnawn ynghyd â'r paill sy'n rhoi'r blas unigryw i'r ddiod.

CYNHWYSION

- 8 blodyn ysgawen
- stribedyn o groen lemon
- stribedyn o groen oren
- 75g siwgr caster
- 500ml jin

DULL

- Glanhawch y blodau trwy eu hysgwyd yn dda i waredu unrhyw faw neu bryfed bychain. Gallwch eu golchi ond bydd hyn yn gwanhau blas y ddiod.

- Rhowch y blodau mewn jar neu jwg eitha mawr ac ychwanegu'r crwyn lemon ac oren a'r siwgr. Tywalltwch y jin drostynt.

- Gorchuddiwch y jwg a'i adael i drwytho am 24 awr.

- Rhidyllwch yr hylif drwy gadach mwslin neu ffilteri coffi i boteli glân sydd wedi eu diheintio mewn dŵr berwedig.

- Mwynhewch gyda rhew a dŵr tonig neu lemon! Bydd yn cadw am fis i 6 wythnos.

Daquiri mafon

Gwenno Erin Williams

CYNHWYSION
digon i 4 person

- 400g mafon wedi'u rhewi
- 2 gwpan rhew
- 200ml sudd llugaeron *(cranberry)*
- 4 mesur o rỳm

DULL

✿ Rhowch y rhew mewn peiriant hylifo *(blender)* a'i chwalu'n fân.

✿ Ychwanegwch y mafon wedi'u rhewi a'r sudd llugaeron, a chymysgu'r cyfan.

✿ Ar ôl i bopeth gymysgu'n dda, ychwanegwch y rỳm a chymysgwch bopeth eto.

✿ I weini, rhowch y ddiod mewn gwydr a'i addurno â mafon neu fefus. Mwynhewch!

Cordial blodau ysgaw

Nia Evans

CYNHWYSION

- 2½ cilogram siwgr gwyn
  (*dim ots p'un ai siwgr bras neu
  siwgr caster*)
- 2 lemon heb gŵyr ar y croen
- 20 o bennau blodau ysgaw ffres,
  a'r coesyn wedi ei docio
- 85g asid sitrig (gallwch brynu hwn
  o siop y fferyllydd)
- 1.5 litr / 2¾ peint o ddŵr

DULL

❁ Rhowch y siwgr a'r dŵr yn y sosban fwyaf sydd ganddoch chi.
Cynheswch y gymysgedd yn ysgafn, heb ei ferwi, nes bod y siwgr
wedi toddi. Rhowch dro iddo bob hyn a hyn.

❁ Tynnwch y croen oddi ar y lemonau (mae'n hawdd gwneud hyn efo
pliciwr tatws), yna sleisiwch y lemonau yn ddisgiau crwn.

❁ Ar ôl i'r siwgr doddi, dewch â'r hylif yn y sosban i'r berw, yna trowch
y gwres i ffwrdd.

❁ Llenwch bowlen gyda dŵr oer, a rinsiwch y blodau yn ofalus yn y
dŵr er mwyn gwaredu unrhyw faw neu bryfed. Codwch y blodau
allan, eu hysgwyd yn ysgafn a'u trosglwyddo i'r sosban surop
ynghyd â'r lemonau, y croen a'r asid sitrig, a chymysgu'r cyfan yn
dda. Gorchuddiwch y sosban a'i gadael i drwytho am 24 awr.

❁ Leiniwch golandr â lliain sychu llestri glân neu gadach mwslin,
a rhoi'r colandr dros bowlen neu badell fawr. Yn araf a gofalus
tywalltwch y surop i'r lliain, gan adael i'r hylif ddiferu'n araf
drwyddo. Taflwch y blodau ac ati sydd ar ôl yn y lliain.

❁ Defnyddiwch dwmffat i lenwi poteli wedi'u diheintio â'r ddiod.
Mi fydd y cordial yn barod i'w yfed ar unwaith, a bydd yn cadw yn yr
oergell am hyd at 6 wythnos. Mae modd ei rewi hefyd, a'i ddadmer
yn ôl yr angen.

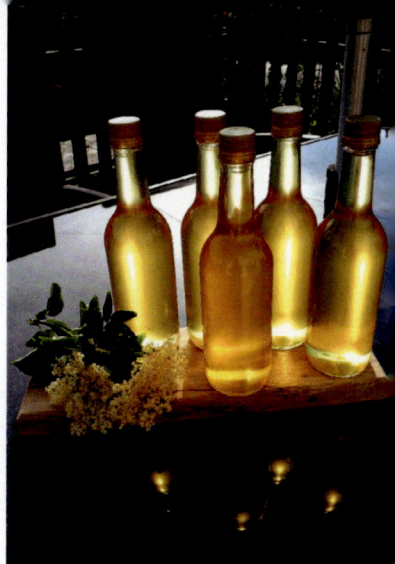

Diod Lemon Poeth Paula Williams

Mae yfed y ddiod hon yn y bore yn helpu i gadw'r corff yn alcalinaidd ac iach – mae'n rhoi hwb i'r system imiwnedd er mwyn galluogi'r corff i gwffio afiechydon yn naturiol.

CYNHWYSION
- 6 / 8 lemon ffres
- Darn tua 2 fodfedd o wreiddyn sinsir ffres
- mêl pur lleol heb ei brosesu *(fel yr un yn y llun)*

DULL

✿ Gwasgwch y lemonau a thorri'r darn sinsir.

✿ Rhowch nhw mewn peiriant hylifo *(blender)* am ryw funud. Gallwch gadw'r gymysgedd yma mewn potel yn yr oergell am tua 4 diwrnod neu ei rewi mewn bocs ciwbiau rhew yn y rhewgell.

✿ Pan fyddwch eisiau yfed y ddiod, rhowch lwyaid go lew o'r mêl (neu ddwy!) mewn cwpan ac ychwanegu tua 2 fodfedd o ddŵr oer (fel nad ydi maeth y mêl yn cael ei golli gan y dŵr poeth) . Ychwanegwch beth o'r gymysgedd sudd lemon a sinsir, a llenwi'r mŵg hefo dŵr poeth o'r tegell. Mae'n syniad da defnyddio gwelltyn (nid un un-defnydd) fel nad ydi'r sudd lemon ar eich dannedd yn rhy hir.

Bwyd a Diod Cymru
Clwstwr Mêl
Food & Drink Wales
Honey Cluster

Lemonêd Cartref Yvonne Williams

CYNHWYSION

- 1 cwpanaid siwgr
- 1 cwpanaid dŵr (*i wneud y surop*)
- sudd 5 lemon

DULL

✿ Rhowch y gwpanaid o ddŵr a'r gwpanaid o siwgr gyda'i gilydd mewn sosban, a'u cynhesu i greu surop. (Gallwch roi mwy neu lai o siwgr – mae'n dibynnu pa mor felys rydach chi'n hoffi eich lemonêd).

✿ Ychwanegwch sudd 5 lemon a chymysgu'n dda. (Gallwch ychwanegu leim hefyd).

✿ Rhowch ddŵr ychwanegol am ben y lemonêd i'w weini, ac addurno efo rhew, ffrwythau a blodau.

I wneud y lemonêd yn befriog, ychwanegwch ddŵr pefriog at y surop pan fyddwch yn ei weini.

Crème de Mure Einir Wyn Owen

Ffansi gwneud rhywbeth gwahanol efo'r mwyar duon eleni? Beth am Crème de Mure (liqueur mwyar duon)? Mae hwn yn hyfryd i'w sipian fel ag y mae, mewn gwydraid o Prosecco oer neu mewn coctel. Mi fydda i hefyd yn ychwanegu jochiad at y mwyar duon mewn pwdin ffrwythau'r haf, crymbl ac ati.

CYNHWYSION

- 600g mwyar duon
- potel o win coch da
- 500g siwgr gwyn
- 250ml jin

DULL

- Rhowch y mwyar duon mewn powlen fawr wydr neu serameg a'u stwnsio.

- Arllwyswch y gwin drostynt, eu gorchuddio efo lliain sychu llestri a'u mwydo am ddeuddydd, gan roi stwnsh arall iddynt bob dydd.

- Hidlwch y gymysgedd drwy ddarn o fwslin i sosban. Ychwanegwch y siwgr, ei gynhesu'n araf a'i droi nes bo'r siwgr yn hydoddi.

- Mudferwch y cwbl am 5 munud, yna gadael iddo oeri.

- Ychwanegwch y jin a'i botelu. Mae'n gwneud tua 1.5 litr, felly bydd ganddoch ddigon i'w roi yn anrhegion hefyd. Gwnaiff gadw am hyd at flwyddyn.

Swpar cyw iâr southern fried
Morgan Tudor Jones-Roberts

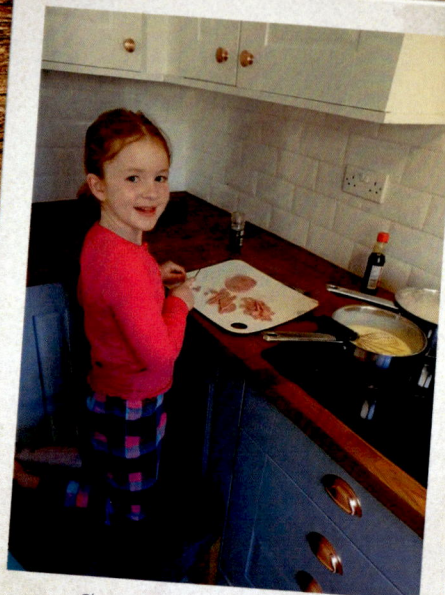

Swpar macaroni
Esmi Mai Jones-Roberts

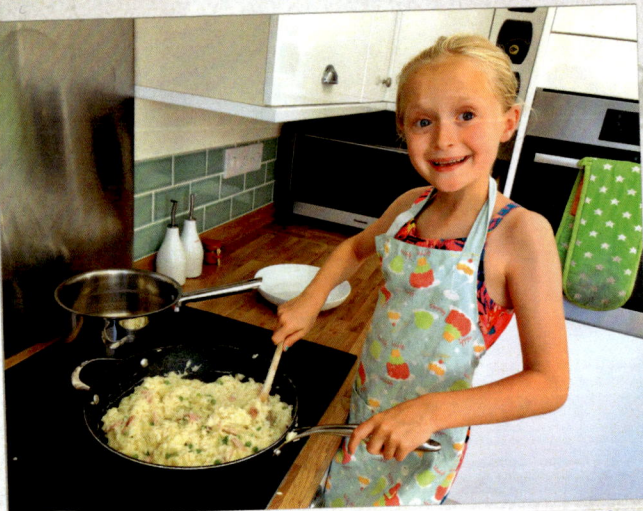

Risotto caws, pys a ham Esyllt, 7 oed
Esyllt Gwyn Gruffydd

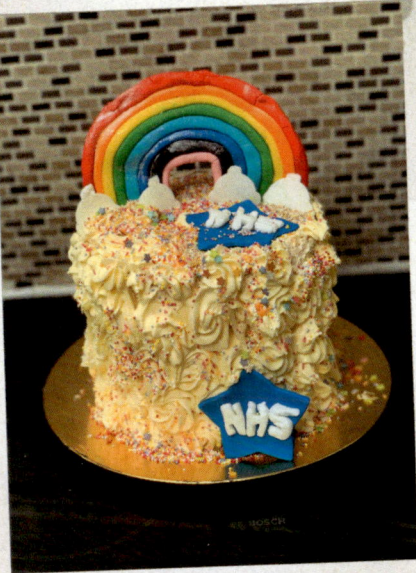

Cacan enfys diolch i GIG

Ioan Rhun Humphreys

Teisen enfys Lydia Grace

Lydia Grace

Cacen Penblwydd

Caleb Môn

Cacen Pasg Meia

Meia Elinir Lloyd Milner

Bisgedi siocled gwyn a llugaeron
Alaw Eluned Cook

Bwydlen caffi Elin Haf
a Catrin Alaw Gwilliam

... a'r cynnyrch gorffenedig!

Elain ac Alaw Williams

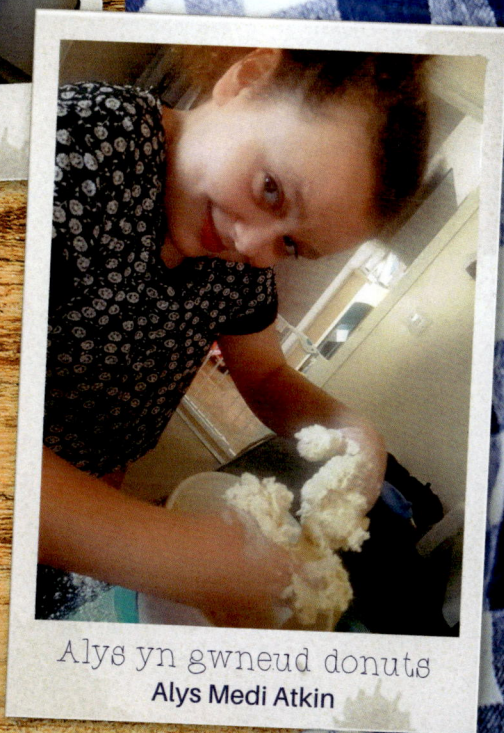
Alys yn gwneud donuts
Alys Medi Atkin

Mynegai

Hybu Cig Cymru yw'r sefydliad sy'n cael ei arwain gan y diwydiant sy'n gyfrifol am ddatblygu, hyrwyddo a marchnata cig coch Cymru.

Mae Hybu Cig Cymru yn gweithredu mewn llawer o farchnadoedd pwysig ym Mhrydain a thramor, gan ddatblygu a chryfhau cyfleoedd busnes i gynhyrchwyr cig coch o Gymru a chynnal rhaglenni hyrwyddo rheolaidd ar gyfer Cig Oen Cymru a Chig Eidion Cymru sydd â Dynodiad Daearyddol Gwarchodedig (PGI).

Mae HCC hefyd yn anelu at wella ansawdd, cynyddu cost-effeithiolrwydd ac ychwanegu gwerth at gynhyrchion cig coch ar draws yr holl gadwyn gyflenwi.

Cywain

Mae Cywain yn un o brosiectau Menter a Busnes ac yn rhaglen sydd wedi ymrwymo i ddatblygu busnesau bach a chanolig newydd neu sydd eisoes yn bodoli yn y sector bwyd a diod yng Nghymru, gan ganolbwyntio ar wneud y mwyaf o gyfleoedd a'r potensial i dyfu.

Mae Cywain yn arwain ar dri chlwstwr yng Nghymru:

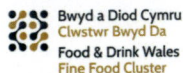

Bwyd a Diod Cymru
Clwstwr Bwyd Da
Food & Drink Wales
Fine Food Cluster

Mae'r Clwstwr Bwyd Da yn darparu rhwydwaith o lysgenhadon bwyd o'r un anian ar gyfer y diwydiant yng Nghymru ac yn cynnig llwyfan ar gyfer gweithredu ar y cyd. Mae'r Clwstwr yn gweithio o fewn strategaeth ehangach Llywodraeth Cymru o feithrin Cymru fel maes rhagoriaeth bwyd, p'un a yw'n fusnesau bach neu'r rhai sydd yn cynhyrchu a dosbarthu ar raddfa fawr sydd hefyd yn awyddus i ddatblygu ochr yn ochr â phartneriaid masnachol, Llywodraeth Cymru a phartneriaid academaidd.

Bwyd a Diod Cymru
Clwstwr Mêl
Food & Drink Wales
Honey Cluster

Mae Clwstwr Mêl Cymru'n dod â ffermwyr gwenyn sydd eisiau ehangu neu sefydlu busnesau llwyddiannus at ei gilydd. Mae gan yr aelodau'r uchelgais i dyfu gyda chymorth partneriaid o fyd masnach, addysg a'r Llywodraeth. Mae'r Clwstwr yn ymroi i godi proffil a chynyddu cynhyrchiant mêl sydd 100% o Gymru.

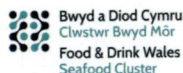

Bwyd a Diod Cymru
Clwstwr Bwyd Môr
Food & Drink Wales
Seafood Cluster

Mae rhaglen Clwstwr Bwyd Môr Cymru ar gael i bob busnes bwyd môr sy'n gweithredu yng Nghymru, gan ddarparu hyfforddiant a chefnogaeth i'r sector cyfan - o bysgotwyr, gwerthwyr pysgod, i fasnachwyr, dyframaethu, proseswyr a chasglwyr dwylo. Mae'r Clwstwr hefyd yn darparu fframwaith ar gyfer arloesi sy'n cynnwys sefydliadau academaidd, cwmnïau ac amrywiaeth o randdeiliaid i feithrin gwelliannau a dealltwriaeth am gyfleoedd busnes.

https://menterabusnes.cymru/cywain/cefnogilleol/

147

Yng Nghymru, mae gennym yr amgylchiadau perffaith i fagu anifeiliaid mewn ffordd sydd ddim yn ddwys – glaswellt, dŵr a thirwedd godidog

Cymru yw un o leoedd mwyaf cynaliadwy'r byd i gynhyrchu cig coch

#YFforddGymreig

eatwelshlambandwelshbeef.com

Daeth y dydd pan mae'n rhaid im ffarwelio,
À Curo'r Corona'n Coginio
Gyda chalon bur drom
Ond fawr iawn o 'aplomb'
Does dim byd bron o 'nillad yn ffitio!

Meinir Pierce Jones